AF721132

Kontaktadresse nach EU-Produktsicherheitsverordnung:
produktsicherheit@fischerverlage.de

Nach dem großen Erfolg von Robert Pfallers Studie »Wofür es sich zu leben lohnt« sind in dem vorliegenden Band alle Interviews versammelt, die rund um deren Themen kreisen: Genuss und Verbot, Rauchen und Neoliberalismus, Glück, Neid und – natürlich – die Liebe. Eine Vertiefung und Weiterentwicklung seiner Ideen, aber auch eine Einführung in Robert Pfallers Gedankenwelt.

Robert Pfaller

Kurze Sätze über gutes Leben

FISCHER Taschenbuch

2. Auflage

Hedderichstr. 114, 60596 Frankfurt am Main
Druck und Bindung: BoD – Books on Demand GmbH,
Norderstedt, Germany
ISBN 978-3-596-18917-5

Inhalt

Vorbemerkung

Die in diesem Band versammelten Texte sind Interviews, die nach meinem Buch »Wofür es sich zu leben lohnt. Elemente materialistischer Philosophie« (Fischer, 2011) entstanden. Dieses Buch hatte die Frage untersucht, warum in westlichen Gesellschaften plötzlich eine so auffällige Verfinsterung im Verhältnis zu unseren Genüssen aufgetreten ist: Warum also zum Beispiel das Tragen von Pelzen, das Austauschen von Höflichkeiten, Flirten, Sex, Fleischessen, Feiern, Grillen, Trinken, Rauchen, Parfümiertsein, Scherzen etc. auf einmal zu den anstößigsten Belästigungen gezählt wird. Es war kein Aufruf zum haltlosen Genießen – denn von dessen Unmöglichkeit ging es ja aus –, sondern vielmehr eine Überlegung darüber, was es bedeutet, wenn ganzen Gesellschaften die Genussfähigkeit verlorengeht. Nicht *Genuss* war also das Thema, sondern *Genussfähigkeit* (ähnlich wie für Karl Marx nicht die *Arbeit*, sondern die *Arbeitskraft* den Angelpunkt der Analyse bildete). Die leitende Vermutung war, dass Menschen willfährig und politisch wehrlos werden, wenn ihnen die Fähigkeit zum Genuss verlorengeht: Wenn man sie mit Todesfurcht einschüchtern und sie gehässig gegen das kleine Glück anderer machen kann, dann kann man wirksam die großen Reichtümer umverteilen, das Gemeineigentum privatisieren und den Staat entdemokratisieren.

Gestützt auf eine bestimmte Tradition materialistischen Denkens in der Philosophie, wollte das Buch »Wofür es sich zu leben lohnt« dazu anregen, die Fähigkeit zum Genuss wiederzugewinnen; sie als gesellschaftliche Ressource zu erkennen und wiederherzustellen. Es versuchte, den Paniken und der Regulierungsflut in Fragen der Gesundheit, Sicherheit,

Umwelt, Kosteneffizienz etc. jene Techniken der vernünftigen Relativierung entgegenzusetzen, welche die Philosophie seit der griechischen Antike entwickelt hatte. Die Frage, wofür es sich zu leben lohnt, sollte dabei als entscheidender »Entkräftungsgedanke« erkennbar gemacht werden: als Hilfestellung, um sich das Leben nicht von übertriebenen, meist eingebildeten Besorgnissen ruinieren zu lassen und andererseits dafür den wirklichen politischen Fehlentwicklungen entschlossen und furchtlos entgegentreten zu können.

Dieses Buch erfuhr eine äußerst interessierte Aufnahme in der Öffentlichkeit und gab Anlass zu zahlreichen Interviews. Kluge Fragen aus den unterschiedlichsten Interessensrichtungen (u. a. von Zeitschriften über Mode, Autos, Gesundheit, Luftfahrt, Medien) regten mich an und zwangen mich nun, Antworten und Schlussfolgerungen meiner Theorie in Bezug auf Themen zu entwickeln, an die ich bis dahin mitunter kaum gedacht hatte. Darüber hinaus sah ich mich vor die Herausforderung gestellt, kurze Wege zu gehen. Weder der vorhandene Platz noch das erwartbare Leserinteresse erlaubten eine Argumentation über die ursprünglichen Strecken, etwa von Element A über B und C bis Element F. Nun musste ich mir überlegen, wie man auf dem direktesten Weg, sagen wir, von B zu Y gelangen konnte, ohne an Verständlichkeit zu verlieren.

Das so entstandene, vorliegende Interviewbuch erscheint mir brauchbar für diejenigen, die ein knappes, aber scharfes Bild meiner Theorie gewinnen möchten. Manches, das im früheren Buch noch die Züge mühevoller Rekonstruktion klassischer philosophischer Theorien tragen mag, ist nun schon mit einer gewissen Leichtigkeit präsentiert – jener Geschmeidigkeit, für deren Erwerb man selbst in Bezug auf die eigene Theorie leider oft einige Jahre der Übung benötigt.

Dass es zwischen einzelnen Interviewtexten zu Überschneidungen kommt, lässt sich bei einem solchen Vorhaben trotz aller redaktionellen Sorgfalt – für die ich Herrn Dr. Alexander Roesler vom Fischer Verlag aufrichtig dankbar bin – leider nicht vollständig vermeiden. Wenigstens lassen sich dadurch die einzelnen Texte sehr unabhängig und – hoffentlich – lustvoll stöbernd, voneinander lesen, ohne die Lektüre anderer Texte vorauszusetzen.

Vielleicht aber kann man dieser Unvermeidlichkeit der Wiederholungen noch eines zugutehalten: In der materialistischen Tradition der Philosophie sind Beispiele niemals nur Illustrationen oder informative Details. Sie sind vielmehr selbst Denkwerkzeuge, mit deren Hilfe sich andere Gegenstände analysieren lassen. Unter dieser Voraussetzung lässt sich dieses Buch auch als Versuch betrachten, die gewonnenen Werkzeuge mehrfach einzusetzen, sie an neuen Materien zu erproben, sie dabei zu schärfen und in ihrem Gebrauch Übung und Leichtigkeit zu gewinnen.

Mein Dank gilt allen Fragestellerinnen und Fragestellern, die mir durch ihre freundlichen Herausforderungen dazu Anlass gegeben haben.

1. Über »Wofür es sich zu leben lohnt«

KulturSPIEGEL: Herr Pfaller, wofür lohnt es sich zu leben?

Robert Pfaller: Die Antworten kennt jeder: mit Freunden ein Bier trinken, in einem zärtlichen Moment eine Aussicht genießen, beim Kaffee eine Zigarette rauchen, Ballspielen an einem Maiabend. Für verschwindend kleine Dinge.

Ist das nicht etwas wenig? Verleiht das einem Leben Sinn?

Die Sinnfrage stelle ich bewusst nicht. Unsere vornehmste Aufgabe ist es, zu leben, wie der Philosoph Montaigne gesagt hat. Nicht für bestimmte Aufgaben, Abenteuer, Projekte. Sondern einfach zu leben. Wenn Menschen nicht gelernt haben, wofür es sich zu leben lohnt, wenn sie immer nur auf die Frage geschaut haben, wozu es sich zu leben lohnt, also das Leben einem Projekt untergeordnet haben, dann fallen sie nach dem Ende dieses Projekts in jene Depressionen, wie es sie zur Zeit so verbreitet gibt. Glücklich sind wir, wenn wir mit Freunden trinken, rauchen, tanzen bis zum Umfallen.

Wie unvernünftig.

Es wäre unvernünftig, immer vernünftig zu sein. Die Vernunft würde zu etwas Irrationalem, das die Unvernunft unerbittlich verfolgt und auslöschen will – wie es zurzeit bei extremen Rauchgegnern zu beobachten ist. Sie wollen keine erträgliche Regelung für alle, sie wollen totale Reinheit.

Rauchen ist ungesund, auch für Passivraucher.

Statt zu fragen, wofür wir leben, fragen wir uns nur noch, wie wir möglichst lange leben. Wir mäßigen uns maßlos. Das ist das Merkmal unserer Epoche, ihr Krankheitssymptom. Die Leute werden dazu angehalten, ihr Leben als Sparguthaben zu betrachten und eifersüchtig darauf zu achten, dass ihnen niemand etwas abknapst. Das ist eine Vorsicht gegenüber dem Leben, die das Leben selber tötet. Sie führt zu einer vorzeitigen Leichenstarre.

Wieso wird das Rauchen seit einigen Jahren verstärkt verteufelt?

Jedenfalls nicht, weil wir schlauer sind als frühere Generationen. Dass das Rauchen schädlich ist, wussten sie auch. Mehr noch: Wenn sie das nicht gewusst hätten, hätten sie niemals geraucht – weil es nämlich gerade ihre Schädlichkeit ist, die die Zigaretten erhaben macht. Heute hingegen ziehen wir den meisten Genüssen den Stachel: Bars ohne Tabakkultur, Bier ohne Alkohol, Kaffee ohne Koffein, Schlagsahne ohne Fett, virtueller Sex ohne Körperkontakt.

Ohne den Stachel kein Genuss?

Absolut. Dinge, die uns Genuss verschaffen, sind immer mit einem Problem behaftet. Sie sind teuer wie Champagner, fett wie Sahnetorte, giftig wie Zigaretten. Das problematisch Lustvolle bricht die ökonomische Logik des Haushaltens – die Vernunft, mit unseren Kräften heute so umzugehen, dass wir morgen noch welche haben. Die unvernünftige Verausgabung beschert uns einen Triumph.

… und Kopfschmerzen am nächsten Tag. Wenn nicht gar ein kürzeres Leben.

Ja, aber ein besseres Leben. Wir sollten nicht den Tod fürchten, sondern das schlechte Leben.

Was macht uns so vernünftig?

Zum einen die Politik. Im Ziel der maßlosen Mäßigung treffen sich Neoliberale und Linke. Sie machen gemeinsame Sache, aus unterschiedlichen Motiven: Der Neoliberalismus zerstört bürgerliche Räume und die Solidarität in den Sozialversicherungen, er macht Menschen für ihre Krankheiten selbst verantwortlich. Die Linke steckt fest in einer Nach-68er-Emanzipationserzählung: Sie empfindet den Menschen als frei, wenn er nicht fremdbestimmt ist, wenn er ganz er selbst sein darf, wenn er möglichst wenig vom Anderen mitbekommt. Keinen Rauch zum Beispiel.

Viele verzichten freiwillig, nicht weil sie politisch dazu gezwungen werden.

Ja, weil bei ihnen etwas anderes an die Stelle der Lust tritt: Selbstachtung. Menschen, die asketisch sind, empfinden sich fast immer als höherwertig. Sie denken, sie seien klüger als andere und ihnen moralisch überlegen. In unserer Gesellschaft, in der die Klassendifferenzen härter werden, in der viele von Abstiegsängsten erfasst sind, ist das extrem attraktiv. Soziale Distinktion wird wichtiger. Nehmen Sie die Vegetarier, die zur Zeit so im Trend liegen: Die einen machen es, um gesünder zu sein; die anderen machen es, weil sie sich so besser fühlen als andere: Denn sie schauen, so meinen sie, nicht nur auf ihr Schnitzel, sie haben den Klimawandel und das Fortbestehen der Menschheit im Blick.

Aber doch zu Recht. Muss das schöne Leben ein verantwortungsloses Leben sein?

Es geht um die Verantwortung gegenüber dem guten Leben. Die Klimapanik passt zu unserer Todesfurcht, die größer ist als die Furcht vor dem schlechten Leben. Es wird ständig so getan, als wenn es entsetzlich wäre, wenn die Menschheit als Gattung ausstirbt. Mein Vorgänger hier am Lehrstuhl, der Philosoph Rudolf Burger, hat einmal sehr klug festgestellt: Es ist nicht trauriger, wenn wir alle zugleich sterben, als wenn wir alle nacheinander sterben.

Ist ein fetter Fleischklops wirklich der Inbegriff von Genuss? Und kann ein Biosaft nicht genauso lecker sein wie ein Jahrgangssekt?

Triumphale Freude empfinden wir nur, wenn wir ein zwiespältiges Kulturelement in ein großartiges verwandeln. Wenn wir uns das versagen, sind wir im profanen Leben gefangen. Dann können wir nicht mehr feiern. Feiern können wir nur mit Dingen, die eine ungute, nicht auf Dauer verträgliche Eigenschaft haben.

Weil sie den Alltag durchbrechen.

Genau, der Alkohol bei einem Fest schlägt eine Kerbe in die Zeitlinie. Mit Mineralwasser kann man den Tag nicht markieren, an dem das eigene Fußballteam den historischen Sieg gegen den Stadtrivalen errungen hat. Und den Geburtstag eines Erwachsenen kann man nicht mit Multivitaminsaft feiern. Es wäre unhöflich, nicht mit ihm anzustoßen, wenn gefeiert wird. Es wäre unanständig, anständig zu bleiben. Unsere Kultur zwingt uns in solchen Situationen zur Verausgabung – zu der wir von alleine nicht fähig wären.

Man muss die Feste feiern wie sie fallen, heißt es im Sprichwort.

Was aber auch bedeutet, dass man sie sonst eben nicht feiern darf. Nur ein feierndes Kollektiv kann ein Gebot an die Individuen richten, keine Spielverderber zu sein. Deshalb erscheint der Einzelne, der einem auf der Straße rauchend entgegenkommt, auch so verwahrlost. Er raucht in seinem Alltag, nicht als Unterbrechung des Alltags. Er raucht ohne Kulturgebot. Das ist trist.

Zigaretten sind verpönt, keine Frage, aber ist unsere Kultur asketisch? Was ist mit dem allgegenwärtigen Sex?

Es gibt den schönen Satz des Philosophen Max Scheler, der schreibt, wir sind umgeben von lauter lustigen Dingen, die angeschaut werden von lauter traurigen Menschen, die nichts damit anzufangen wissen. Also: Es sind nicht die Genussmittel, die knapp geworden sind, sondern die Ressourcen, die Menschen brauchen, um die Genussmittel als lustvoll zu empfinden.

Wieso bietet der Markt den Sex dann überhaupt an?

Im Spielfilm wird er uns kaum noch angeboten, er ist in Talkshows und andere Reality-Formate abgewandert. Dort wird der Sex vorgeführt, aber nicht glamourös, sondern mit einer abstoßenden Note, mit einem mahnenden Fingerzeig. Die Drohung heißt: Wenn ihr euch nicht zusammennehmt, sitzt ihr morgen selber bei den Unterschichtlern im Rudelbums-Container. Es ist heute für breite Mittelschichten immer mit der Gefahr der Deklassierung verbunden, sich freizügig zu zeigen.

Die Oberschicht lebt ihre Sexualität nach wie vor lustvoller aus?

Es gibt so etwas wie die Klasse italienischer Ministerpräsidenten, die Flavio-Briatore-Klasse auch, in der es zumindest zum guten Ton gehört, so zu tun, als habe man permanente Exzesse.

Wobei Berlusconi und Briatore auch nicht gerade glamourös sind, ebenso wenig wie Charlie Sheen. Der wird medial als Irrer vermittelt.

Charlie Sheen ist kein Typ wie Steve McQueen oder Paul Newman. Er ist zu extrem, ein Freak, ein Zerrbild. Wir haben heute generell keine Stars mehr, die als erotische Vorbilder taugen, die Sex so glamourös verkörpern, dass wir sagen können: Jetzt hatten wir einen tollen Moment, es war wie bei Michel Piccoli und Romy Schneider.

Was ist mit dem Boom der Kochshows und Kochbücher? Sind sie nicht ein Zeichen für eine genussfreundliche Gesellschaft?

Mit den Kochbüchern ist ähnliches passiert wie mit den Sextoys. Das waren früher Dinge, die man im Verborgenen gehalten hat, hinter der Bühne. Die Effekte hat man den Auserwählten geboten, die auf die Bühne kamen: den Gästen, die zum Essen eingeladen waren, oder den Sexpartnern, die wir überraschen wollten. Heute zeigen wir alles exhibitionistisch her, aber Sex haben wir eher selten, und die Küche bleibt auch kalt. Dazu passt, dass heutige Kochbücher graphisch aufwendig gestaltet und stilisiert sind, sie haben eine ganz andere Funktion als früher die nüchternen Kochbücher vom Typ »Man nehme«. Sie sind Vermittler eines Lebensgefühls, nicht so sehr Werkzeuge einer Praxis. Zumal die meisten auf Spitzenleistungen verweisen, so wie die Kochshows mit ihren

Starköchen. Früher hatte man ein Repertoire an einfachen, wiederholbaren Gerichten, an denen man Freude haben konnte. So etwas wie ein gut gekochtes Rindfleisch mit einer Kohlrabi-Soße. Heute ist alles extrem verfeinert und lässt sich schwer nachkochen.

Der Spanier Ferran Adrià, der Erfinder der Molekular-Küche, ist für das Kochen, was Charlie Sheen für den Sex ist?

Der Effekt kann ähnlich sein. Weil wir unbewusst denken: Wenn's überhaupt Sex gibt, dann gleich so was, na, dann lassen wir's lieber bleiben. Was Michel Piccoli und Romy Schneider vorgeführt haben, das war vielleicht auch drei Stufen über dem, was Normalmenschen wollten oder konnten, aber es war noch ein nachvollziehbares Ideal. So wie der Skilehrer auch immer drei Zacken besser fährt als der Skischüler, aber er fährt doch so, dass der Skischüler hinterherfahren und sich vorstellen kann, ihm mit ein bisschen Übung nahezukommen. Solche Vorbilder fehlen uns, wir sind von Extremen umgeben.

Extrem ist auch das Phänomen der Komatrinker – und es ist alles andere als asketisch.

Wenn wir uns über Alkohol hermachen, dann wie Kinder, deren Eltern ausgegangen sind und vergessen haben, den Schnapsschrank zuzusperren. Dann saufen wir uns die Birne weg, auch weil wir es uns nicht vorstellen können, dass irgendwer uns diesen Genuss gönnt – darin besteht das Asketische. Wir müssen exzessiv genießen, weil wir trotzig genießen – und weil wir mit einem schlechten Gewissen genießen, das wir betäuben müssen.

Beobachten Sie den kulturellen Trend zur Askese auch auf dem Feld der Kunst selbst?

Die Künstler sind heute die Musterknaben der Gesellschaft. Das liegt unter anderem daran, dass man leichter zu Geld kommt, wenn man den Kuratoren und Kulturpolitikern sachliche Projekte unterbreitet, die mit Sekundärliteratur durchdacht sind und ein wichtiges Anliegen promoten.

Wie verändert das die Kunst?

In den Achtzigern sah es auf einer Documenta aus wie in einer katholischen Kirche. Es gab viel buntes Zeug, vieles war kindisch und lustig. Heute gleicht eine Documenta einer protestantischen Kirche. Es ist viel Text zu lesen, die Objekte sind sperrig und nicht besonders lustvoll. Dafür geht es bei ihnen immer um ein wichtiges Anliegen, irgendetwas wird gerettet, irgendeine Minderheit oder eine bedrohte Pflanzensorte. Die Menschen haben offenbar mehr Bedürfnis, sich moralisch gut zu fühlen, als ihren Geschmack zu verfeinern oder sich zu amüsieren.

Und wie amüsiert sich der Philosoph Pfaller? Leben Sie privat das, was Sie beruflich predigen?

Nun ja, in meiner idiotischen Privatexistenz als Bourgeois habe ich ein Nebenhöhlenproblem und darf kaum rauchen, nur in feierlichen Ausnahmemomenten. Wichtig ist mir aber, dass man sich nicht von seinem Privatinteresse leiten lässt, wenn es darum geht, ob der Staat etwas verbietet. Man muss das, da es eine politische Frage ist, als Citoyen diskutieren und darf nicht die eigene Allergie über das Allgemeinwohl stellen.

2. Über Lust

ZEIT ONLINE: Herr Pfaller, Ihrer Meinung nach gehen uns derzeit einige genussvolle Kulturtechniken verloren. Haben Sie ein paar Beispiele zur Hand, die derzeit auf der »Liste der vom Aussterben bedrohten guten Lebensmomente« stehen könnten?

Robert Pfaller: Neben dem Rauchen, das wir uns derzeit verdächtig gerne verbieten lassen, und dem zivilisierten Alkoholkonsum wird uns auch der Sex zunehmend problematisch. Wir schämen uns nicht nur vor anderen, so wie die Leute im 19. Jahrhundert. Sondern haben heute auch moralische, politische und gesundheitliche Bedenken gegen den Sex. So dass Angehörige aller Geschlechter heute kaum noch wissen, wie sie einander ansprechen sollen. Vielleicht lässt sich ja in Zweierbeziehungen, die sich immer weiter zu verfestigen scheinen, manches davon wiedergutmachen. Aber das Knisternde des Charmes, der Flirts, der Koketterie mit fremden Menschen, mit denen man vielleicht nicht unbedingt auf ein intimes Verhältnis abzielt, scheint verlorenzugehen.

Sie bescheinigen uns eine aktuelle »Maßlosigkeit im Mäßigen«. Woher kommt eigentlich die Idee dazu?

In meinem vorigen Buch »Das schmutzige Heilige und die reine Vernunft« hatte ich den Satz geschrieben »Vernunft besteht eben nicht darin, zuerst und ausschließlich dort vernünftig zu sein, wo es leicht und bequem ist.« Als ich diesem Gedanken nachging, entdeckte ich ihn bei Epikur wieder. Er sagt, mit der Mäßigung müsse man maßvoll umgehen, weil sie selbst sonst zum Exzess wird. Diese listige Forderung nach

Verdoppelung der Mäßigung hat mich besonders amüsiert, da wir die antiken Philosophen sonst ja meist als öde Mäßigungsprediger kennen.

Steckt hinter einer Kritik der Mäßigung nicht aber auch ein wenig Neid auf die Disziplinierten, die Schönen, Gesunden, Schlanken, Erfolgreichen? Ist Disziplin nicht eine besonders wertvolle Leistung?

Wir sind nicht diszipliniert; wir haben nur ein gestörtes Verhältnis zum Genuss. Wir haben ein kindisches, tyrannisches Über-Ich, das uns dazu bringt, uns nichts zu gönnen und uns ständig vor allem zu fürchten. Menschen sind von sich aus alles andere als genussorientiert und hedonistisch. Erst die Kultur kann ihnen ein wenig dazu verhelfen. Freilich vermögen das nicht alle Kulturepochen im selben Maß. Die unsere bestärkt uns darin, das tyrannische Über-Ich ernst zu nehmen, anstatt uns zu helfen, seine Kindereien mit Humor zu betrachten.

Wozu sind wir nicht mehr in der Lage, wenn wir zu diszipliniert sind?

Uns Momente kindlicher Unvernunft zu gönnen, die einzigen wirklichen Freuden und Triumphe, die wir im Leben haben. Das konnten etwa die sechziger und siebziger Jahre, wie man an alten Filmen feststellen kann, noch deutlich besser.

Sie sagen, es sei ein Tabu, fetten Schweinebraten zu genießen. Auf der anderen Seite wollen alle perfekt aussehen, und zwar möglichst auch noch auf natürliche Weise. Ist es heute nicht das viel größere Tabu, zu sagen, dass man Diät hält, um besser auszusehen? Weil das besonders uncool wäre?

Das Uncoolste scheint mir heute zu sein, sich selbst nicht zu dick zu finden!

Nehmen wir ein anderes Beispiel: Ist es verpönt, sich die Brüste operieren zu lassen?

Bei den Brustoperationen dürfte eine ähnliche Umverteilung stattfinden wie beim Sex insgesamt: In den etablierten Mittelschichten wird reduziert, die Unterschichten dagegen stocken sichtbar auf, sozusagen bei gleichbleibender Busengesamtmenge.

Aber dem Traum von Makellosigkeit und Schönheit entkommt man trotzdem nicht.

Schöne Menschen sind ja eben nicht makellos. Denken Sie an die Nase der Kleopatra: Hätte sie anders ausgesehen, schreibt der Philosoph Blaise Pascal, hätte das Gesicht der Welt sich verändert. So viel Begehren konnte diese besondere Nase bei römischen Kaisern auslösen. Heute wäre sie ein typischer Fall für eine kosmetische Operation. Eine Kultur, die ständig nach Makellosigkeit strebt, hat die Fähigkeit verloren, zwiespältige Elemente in etwas Großartiges zu verwandeln. Wir versuchen sie zu unterdrücken, zu verbieten oder wegzuoperieren. Der Jazzpianist Thelonius Monk dagegen hatte gesagt: »If you ever play a false note, play it again, and play it loud!«

Also ist Genuss zwangsläufig immer um etwas Zwiespältiges aufgebaut.

Alle wirklich großartigen Momente im Leben entstehen durch die Verwandlung von etwas, das wir so nicht immer haben wollen. Der Alkohol berauscht, die Partykleidung ist teuer, der Müßiggang macht schlechtes Gewissen oder Langeweile. Die Kultur verhilft uns durch ihre Gebote des Feierns dazu, dass wir das Ungute bejahen und daraus etwas Grandioses machen können. Und genau das verschafft uns den Triumph: Wir sind begeistert über unsere Verwandlungskraft. Nur als kulturelle, das heißt als öffentliche Menschen sind wir zu diesem Genuss fähig. Auch die Liebe gelingt, wie Richard Sennett bemerkt hat, nur, wenn wir uns darin als gesellschaftliche Wesen mit bestimmten Rollen verhalten – und uns nicht einbilden, dass dies nur eine Herzensangelegenheit zwischen Privatpersonen wäre. Wir brauchen Rollen, die uns zeigen, wie etwas gemacht gehört, und die uns gebieten, es zu tun. Verbote brauchen wir nicht.

Wer aber Sicherheitsargumente ignoriert, muss im Zweifel auch die Verantwortung übernehmen. Wer sagt: »Lasst die jungen Leute doch feiern und Spaß haben!«, der ist nachher verantwortlich für ein Unglück wie eben dem nach der letzten Loveparade.

Entscheidend ist, dass wir uns nicht ständig vor dem Tod fürchten, sondern vielmehr vor schlechtem Leben. Dann kann man über alles reden und abwägen, ob man etwas mehr Sicherheit will oder lieber etwas mehr Unbeschwertheit. Aber die derzeitigen Vorschläge zur Verbesserung von Sicherheit, Gesundheit, Nachhaltigkeit und so weiter werden nicht in einer diskutierbaren, abwägenden Weise eingebracht, sondern als ständig neue Paniken, die sofort nach Verboten verlangen. Hier wird anscheinend unbewusst eine bestimmte Idee von Unsterblichkeit verfolgt, als wäre dies ein höchstes Gut, dem man alles andere selbstverständlich opfern muss.

Sie schreiben, es gäbe wieder eine wachsende Menge an Menschen, die »ihr Leben als Gabe betrachten, das sich zu geben lohnt«. Selbstmordattentäter zum Beispiel.

Der Selbstmordattentäter, der sein Leben um jeden Preis loswerden will, erscheint mir in gewisser Weise als das Spiegelbild des ängstlichen westlichen Menschen, der es um jeden Preis behalten will. Würden wir uns nicht sofort zu panischen Sicherheitsvorkehrungen und zu massiven Eingriffen in die Bürgerrechte hinreißen lassen, dann hätte es auch weniger Reiz, uns zu attackieren. »Macht, was ihr wollt, wir bleiben gelassen«, wäre ein souveränes Signal. Wenn wir zeigen, dass wir diejenigen sind, die schlechtes Leben mehr fürchten als den Tod, dann stellt sich für die Anderen die peinliche Frage, auf welchem Standpunkt sie eigentlich stehen. Freilich müssen aber auch politische Probleme gelöst werden, um diesen Tätern den Anschein von Legitimation zu entziehen, den sie zumindest in ihren eigenen Augen wohl besitzen.

Es scheint umgekehrt eine Mode zu geben, insbesondere die jüngere Generation als spießig und lustfeindlich und konservativ zu bezeichnen. Ist das nicht aber auch eine gewisse Arroganz einer älteren, abgesicherten, gut verdienenden Generation?

In einer Zeit, in der alle gezwungen sind, so hart um ihre Existenz zu kämpfen, ist es nur konsequent, sich asketisch zu verhalten. Askese war ja ursprünglich eine Vorbereitung auf das Kämpfen. Etwas anderes aber ist es, solche Zwänge zu verinnerlichen und das, wozu man gezwungen wird, auch noch als Utopie zu begrüßen und jedes andere Bild glücklichen Lebens mit spontanem Abscheu und mit Aggression abzulehnen. Man muss auch wissen, wofür es sich zu kämpfen lohnt. Das haben übrigens alle Generationen von früheren gelernt.

Verschieben sich die Räume des Abgesicherten und dessen, was anarchisch und mutig sein darf? Im Internet zum Beispiel entstehen derzeit immer noch neue Freiheiten, Chancen und auch

Grauzonen, während etwa der Straßenverkehr immer noch weiter geregelt wird. Nach der Anschnallpflicht kommt demnächst vermutlich die Fahrradhelmpflicht.

Man muss sich ansehen, wer mit Zwang behandelt wird, und wer dafür nicht. Unter neoliberalen Bedingungen werden die Kontrollen über mächtige Lobbyinteressen aufgehoben. So hat zum Beispiel die Aufhebung der Kontrollen über die Lebensmittelproduktion in England zum europaweiten Rinderwahn geführt. Der Staat wird geschwächt und daran gehindert, den Individuen Möglichkeiten zu eröffnen, also etwa Zugang zu Infrastruktur, Bildung, sozialer Sicherheit und ähnliches. Stattdessen wird er zunehmend als repressive Macht gegen die Individuen eingesetzt – denen man erzählt, es geschehe zu ihrem eigenen Besten. Dabei werden unter anderem auch Formen zivilgesellschaftlicher Öffentlichkeit zerstört: Pressefreiheit, der freie Austausch von Gedanken und Tabakkultur im Café waren zusammenhängende Errungenschaften bzw. Voraussetzungen der bürgerlichen Revolutionen von 1848.

3. Über Glück

Süddeutsche Zeitung: Herr Pfaller, reden wir über Geld. Wofür lohnt es sich, viel auszugeben?

Robert Pfaller: Für die wirklich großen Glücksmomente des Lebens. Wir müssen hin und wieder unsere Sparsamkeit überwinden, aus unseren Geld- und Zeitökonomien ausbrechen und großzügig sein – sonst bleiben wir nur Sachbearbeiter unseres Lebens. Wenn wir also zum Beispiel Champagner trinken, dann müssen wir damit so umgehen, als könnte er endlos fließen. Dann sind wir souverän – sozusagen als Führungskräfte auf Augenhöhe mit dem Leben. Oder wir müssen uns sehr viel Zeit nehmen, um Bücher zu lesen – auch solche Verschwendung kostet heute übrigens meist sehr viel Geld, weil es Ungestörtheit voraussetzt und weil dadurch vieles andere unerledigt bleibt.

Und das soll glücklich machen?

Und wie! Alle großen Glückserfahrungen beruhen auf etwas Ungutem, Unverträglichem oder Unbrauchbarem. Alkohol trinken ist teuer und schlecht für die Leber. Sex ist laut und sozial unverträglich. Selbst vermeintliche harmlose Beschäftigungen wie Spazierengehen und Musikhören haben das Ungute der Zeitverschwendung an sich. Klar ist jedoch, ich sterbe so oder so – ich möchte nur, dass das, was vorher passiert, ein Leben genannt werden kann. Wer einmal aufs Ganze gegangen ist und dem Tod auf diese Weise ins Auge gesehen hat, ist auch in der Lage, kleine – und oft auch wenig kostspielige – Dinge als sehr lebenswert zu empfinden.

Aber alle predigen doch immer: Man soll nicht trinken, nicht rauchen …

… jaja, und kein Fleisch essen und kein Auto fahren. Wie schrecklich! Wie könnte ich durch so einen individuellen Tugend-Purismus das Allgemeinwohl befördern?

Manche sagen: Man schützt das Klima.

Es ist sehr überheblich, zu denken: Wenn ich mich jetzt bewusst ernähre, rette ich die Welt vor dem Ozonloch.

Nicht ganz, aber vielleicht ein bisschen.

Und der Konsument soll das alles individuell beeinflussen? Nein, der Staat muss das regeln! Die Politik muss feste Klimaziele bestimmen und die Finanzmärkte regeln, nicht der Einzelne. Wir haben doch nur wahnsinnigen Stress, wenn wir immer wissen müssen, welche Turnschuhe nicht von Kindern genäht wurden und welche Daunenjacke nicht Federn gequälter Tiere enthält – und an die entscheidenden Fragen kommen wir auf diesem Weg ohnehin nicht heran.

Was machen Sie stattdessen?

Ich halte mich an ein Grundprinzip politischen Denkens: Individuelles Wohlverhalten steht in keinem direkten Verhältnis zum allgemeinen Wohl. Der Philosoph Bernard de Mandeville hat das 1705 in seiner »Bienenfabel« mit revolutionärem Sarkasmus formuliert: »Private vice is public benefit« – damit die Welt allgemein gut wird, müssen wir individuell böse sein.

Also rauchen und saufen.

Das auch. Aber vor allem das gute Allgemeine am vermeintlich individuell bösen Verhalten des anderen erkennen. Zum Beispiel: Wenn man vor 15 Jahren einen Gesprächspartner fragte, ob es ihn stört, dass man raucht, sagte der: »Bitte, nur zu, ich rauche zwar selbst nicht, aber das riecht so gut und sieht so elegant aus.« Heute erscheint das undenkbar.

Warum hat sich das verändert?

Das hat mit dem Verfall des öffentlichen Lebens zu tun, den der Soziologe Richard Sennett beschrieben hat. Wenn Menschen in europäischen Städten früher – etwa seit der Renaissance – vor die Tür traten, sprachen sie anders und kleideten sich anders als zu Hause. Sie spielten eine Rolle und hielten ihre private Person und deren Befindlichkeiten im Hintergrund. Heute ist das anders.

Seit wann geht man sich auf die Nerven?

Nach 1968 haben wir die Rolle zugunsten der privaten Person liquidiert. Nun platzen alle ständig mit ihren Befindlichkeiten heraus und empfinden das auch noch als Befreiung. Allerdings spüren sie dann alles plötzlich auf der eigenen Haut, anstatt wie früher auf der Maske ihrer Rolle. Dadurch ist die allgemeine Empfindlichkeit so sehr gestiegen.

Und auch den jeweils Anderen nehmen die Leute nur noch als private Person wahr. Sie denken nicht: »Der versucht mir durch Ruhe und Eleganz angenehm zu sein«. Sie rechnen das Rauchen des Anderen nicht seiner Verpflichtung gegenüber der Rolle zu und empfinden sein Glück darum nicht auch als das ihre. Sie bilden sich vielmehr ein, der andere rauchte ständig, und nun dringe er mit seiner finsteren Neigung auch noch rücksichtslos in ihre Umwelt ein. Glück ist dann nichts Allgemeines, solidarisch Teilbares mehr; sondern das Glück des Anderen erscheint dann immer als Bedrohung des eigenen Glücks. Der Andere wird in unseren neidvollen Augen dann zum »Dieb des Genießens«, wie mein Freund, der Philosoph Slavoj Žižek, das treffend genannt hat.

Sie wollen doch nicht sagen: Früher war alles besser?

Nein, überhaupt nicht, aber die Menschen sind heutzutage viel ich-fixierter, sie nehmen alles persönlich. Dadurch machen wir uns das Leben unnötig schwer.

Was denn zum Beispiel?

Nehmen wir das traditionelle Wiener Kaffeehaus. Dort bedient Sie ein Kellner im Smoking, er stellt Ihnen auf einem Silbertablett die Kaffeeschale hin und serviert auch wieder ab. Sie müssen nicht sofort zahlen und können in Ruhe dort sitzen. Nicht wie bei diesen amerikanischen Ketten, wo man geduzt und an der Kasse abgefertigt wird und die leeren Pappbecher der anderen noch auf den Tischen stehen. In einem richtigen Kaffeehaus darf man auch rauchen und Zeitungen lesen, es ist ein Platz zum Gedankenaustausch. Dieses Forum bürgerlicher Öffentlichkeit spielte eine wichtige Rolle bei der Revolution von 1848.

Sie glorifizieren die gute alte Zeit. Die Frage ist ja: Warum verteidigen wir nicht die Errungenschaften von damals?

Weil wir alles, was wir tun, privatisieren …

... und wir dem Unbekannten auf der Straße genauso unsere Meinung sagen wie unserem Mitbewohner in der WG?

Genau, es ist diese Be-Yourself-Ideologie, die uns das Leben versaut.

Aber es ist doch gut, wenn man sich nicht verstellen muss.

Klar, die Rollenspiele des öffentlichen Lebens waren anstrengend, aber sie lohnen sich noch heute. Die Rolle sagt zu uns: Zeig nicht immer deine Befindlichkeiten, lass deine schlechte Laune nicht an Anderen aus. Das ist ein viel milderer Imperativ, als wenn man sagt: Sei authentisch, und wenn dir jetzt nicht danach ist, höflich zu sein, häng das sofort raus. Das führt nur dazu, dass wir unglücklich sind im Umgang miteinander.

Und wer ist schuld daran – außer dem Privatfernsehen?

1968 gab es gute Gründe, hinter die Rollenmasken zu schauen. Hinter manchen diskreten Höflichkeiten steckten finstere Nazi-Realitäten.

Was bringt die Rolle heute?

Wir sollten im individuellen Leben nicht so sehr nach vermeintlicher Freiheit streben, sondern vielmehr nach Glück. Dieses wird durch die Rolle ermöglicht. Die Freiheit dagegen ist keine Kategorie des individuellen Lebens – sie sollten wir dem politischen Leben vorbehalten. Die Leute sollten sich nicht länger darüber empören, dass der Nachbar grillt oder zu laut Klavier spielt. Sie sollen sich ruhig empören – aber gegen die wahren Feinde!

Wen meinen Sie?

Na zum Beispiel die Zocker an den Finanzmärkten. Wir sind Geiseln von denen, die als systemrelevant gelten! Die Finanzkrise hat es doch drastisch gezeigt: Selten ist ein wissenschaftliches Paradigma so bankrottgegangen. Mein Verdacht ist aber, dass die durch die Erfahrung falsifizierten und diskreditierten neoliberalen Ökonomen der Chicagoer Schule noch immer auf ihren Professorensesseln sitzen.

Und warum sind Bewegungen wie Occupy so schnell Geschichte?

Na ja, das wird man erst sehen müssen. Freilich erzeugen unsere sozialen Medien auch solche Kurzlebigkeit: Sie erziehen uns dazu, dass sich jeder nur als Privatperson empört, die Leute bloggen ihre Befindlichkeiten, anstatt kaltblütig nachzudenken und in die Rolle des Citoyens zu schlüpfen: Wo sind unsere Feinde und wie können wir die bekämpfen?

Gegen wen kämpfen Sie?

Zum Beispiel kämpfe ich täglich gegen die Ökonomisierung der Universitäten. Gegen diesen neu entstandenen Kontrollzwang über Studierende wie Lehrende. Ständig muss man prüfen und evaluieren. Dabei ist die Uni doch eine Schule der Freiheit.

Und, was tun Sie dafür?

Hin und wieder gibt es Erfolge. 2008 schrieb ich einen Zeitungsartikel, ›Der schiefe Turm von Bologna‹. Ich stellte darin die Frage, ob diejenigen, die diese fatalen Universitätsreformen zu verantworten haben, dafür wohl noch zu Lebzeiten vor Gericht gestellt würden. Ein Jahr später streikten erst in Wien und dann in fast ganz Europa die Studenten, und an der Wand des Audimax stand geschrieben: ›Macht Bologna den Prozess!‹ Ich sage nicht, dass die das von mir hatten. Aber manchmal gelingt es, ein bestimmtes Umdenken in Gang zu bringen. Das kann Philosophie leisten.

4. Über Fernsehen und Öffentlichkeit

Frankfurter Allgemeine Sonntagszeitung: Thomas Gottschalk hat den Unfall von Samuel Koch als einen Moment beschrieben, in welchem die »Show plötzlich tragisch wurde«. Warum ist die Möglichkeit der Tragik in einer Spielshow wie »Wetten, dass..?« nicht vorgesehen?

Robert Pfaller: Die Show hat, wie andere Fernsehformate auch, etwas Fiktives an sich. Und damit ist sie den Gesetzen von fiktionalen Genres unterworfen. Jedes Genre schließt bestimmte Dinge aus. Im James-Bond-Film zum Beispiel darf nicht vorkommen, dass die von Agent 007 getöteten Feinde Hinterbliebene haben, die um sie schmerzlich trauern (ein Umstand, über den die Parodie »Austin Powers« sich lustig macht). Übrigens schließen nicht nur die heiteren Genres etwas aus, sondern auch die traurigen. Auch in der Tragödie kann manches nicht vorkommen – zum Beispiel, dass der Held oder die Heldin eine Panne hat. In der Tragödie gibt es nur bedeutendes, schicksalhaftes Unglück, nicht aber dummes, zufälliges. Antigone darf nicht auf der Treppe ausrutschen …

Als Gründe für diesen Unfall wurde, zumindest indirekt, auch der zunehmende Quotendruck herangezogen, der angeblich immer mehr Nervenkitzel nach sich zieht. Steigt die Risikobereitschaft des Fernsehens?

Ich habe eher das Gefühl, dass wir ziemlich risikoscheu geworden sind. Ich habe vor kurzem eine Dokumentation über den Rennfahrer Jochen Rindt gesehen, der 1970 in Monza tödlich verunglückt ist. Darin hieß es, im selben Jahr seien 16 Formel-1-Piloten tödlich verunglückt – das ist fast ein ganzes Starterfeld. Dass westliche Gesellschaften 1970 bereit waren, eine so hohe Opferquote zu ertragen, das kann man sich heute gar nicht mehr vorstellen.

Hat der Schock auch etwas damit zu tun, dass das Fernsehen längst insgesamt unter einem Inszenierungsvorbehalt steht? Dass wir längst alles, was läuft, für gecastet und gescriptet halten.

Da gibt es schon genretypische Unterschiede. Wir sind ja nicht ganz so schockiert, wenn in einer Dokumentation über Afghanistan Tote auf der Straße liegen. Und natürlich erzeugen Reality-Formate ebenso wie solche Medienrealitäten wie Facebook oder Talkshows eine Fiktionalisierung. Das ist nicht Wahrheit, was da entsteht, dafür haben wir eben das Kunstwort »Reality«. Man muss aber immer genau überlegen, welche Art von Künstlichkeit erzeugt wird. Das hängt damit zusammen, wie sich Öffentlichkeit verändert hat, im Vergleich zu jenem Typus »Öffentlichkeit«, den etwa Richard Sennett beschrieben hat.

Für Sennett verhielten sich Menschen im öffentlichen Raum bis in die 60er Jahre des 20. Jahrhunderts immer wie Schauspieler.

Genau. Die Aufrechterhaltung der Fiktionen war wichtig, um Gesellschaft zu erzeugen. Man kann das heute noch am Beispiel der Höflichkeit sehen: Zwei Kollegen, die sich eigentlich hassen, sagen höflich: »Guten Tag, wie geht's Ihnen. – Danke, bestens.« Das ist wie ein kleines Theaterstück, das man für den Blick eines naiven Dritten inszeniert; gemeinsam täuscht man diesen Dritten, und das erzeugt für die Täuschenden, die selbst ungetäuscht bleiben, eine bestimmte Solidarität. Dieser Dritte ist aber jemand anderer als das wirkliche Publikum auf dem Platz. Es ist ein virtueller Agent, eine psychische Instanz. In der Vorstellung der Beteiligten kann es zum Beispiel die Nachwelt sein, die Augen der Geschichte oder auch die Ahnen. Diese gemeinsam aufgebaute Fiktion stellt Gesellschaft her.

Das Fernsehpublikum erfüllt nicht die Rolle dieses Dritten?

Das ist genau der Unterschied: Die aktuellen fiktionalen Formate stellen nicht Gesellschaft her, sondern Gemeinschaft – einen Zusammenhalt von Gleichgesinnten. Der Star, den wir kennen, muss so sein wie wir; er darf keine besonderen Qualitäten haben. Es ist ein neues Phänomen, dass einer im Fernsehen sagt, dass er nicht weiß, wer Shakespeare war. Vor 15 Jahren wusste man das vielleicht auch nicht, aber man hätte die Fiktion aufrechterhalten. Das gehörte zur Höflichkeit. Aber den Individuen geht etwas verloren, wenn sie keine Foren von Öffentlichkeit haben, wo sie den Typus der Gesellschaft erleben können. Und dann versuchen sie sich in der Form intimer Gemeinschaften zu sozialisieren. Das bleibt immer unbefriedigend, weil es nie etwas Besseres an den Individuen hervorkehrt, sondern immer nur den Freak.

Bezeichnend für die vorherrschende neoliberale Ideologie scheint mir der Aufruf »Be Yourself!«. Es ist gelungen, großen Bevölkerungsgruppen die Vorstellung zu suggerieren, sie wären dann am freiesten und glücklichsten, wenn sie ganz bei sich selbst und authentisch sind. So haben sie vergessen, dass sie zum Glück und zur Freiheit noch etwas ganz anderes benötigen – nämlich die Möglichkeit, etwas anderes zu sein als sie selbst; etwas Würdevolles, Elegantes, Kluges – oder auch nur etwas Neutrales, das nicht sofort alle Privatmarotten preisgibt. Von der Möglichkeit, eine solche Rolle des

»public man« im Sinn Sennetts hängt auch jede politische Handlungsmacht ab. Nur in dieser öffentlichen Rolle nämlich können wir »citoyens« und »citoyennes« im Sinn der Französischen Revolution sein – also Leute, die sich um Angelegenheiten von allgemeinem Interesse kümmern; und nicht bloß »bourgeois(es)«, die nur ihre Privatinteressen im Blick haben. Letztere bezeichnete die antike griechische Demokratie bekanntlich auch als »Idioten«.

Aber ist das Bewusstsein für ihre Rolle nicht längst bei den Akteuren angekommen? Man hat, zum Beispiel bei Formaten wie der Dschungelshow, zunehmend das Gefühl, dass alle sehr genau wissen, dass sie Authentizität spielen müssen.

Sicher gibt es heute auch extrem smarte Akteure, die so etwas wie ein zynisches Bewusstsein haben. Das schützt sie aber nicht davor, zu Spielzeugen der von ihnen gespielten Rolle zu werden. Das ist sehr typisch für solche Illusionen, die nicht die eigenen sind – in denen ist man oft noch viel mehr gefangen. Bezeichnend für das Kommunikationsverhalten solcher zynischer Akteure zu den Zuschauern ist aber, dass sie ihnen nicht dieselbe Fähigkeit zum zynischen Durchschauen unterstellen. So kommt es, dass hier jeder den anderen homogenisiert. Der Zuschauer denkt: Wow, das ist ein Freak; der Spieler denkt sich: Der Zuschauer ist sicher so blöd, zu glauben, was ich da spiele. Jeder hält den anderen für den Naiven. Das erinnert an solche interkulturellen Missverständnisse, wie sie Slavoj Žižek einmal am Beispiel einer französischen Forschergruppe in Afrika beschrieben hat. Die hatten von einem Stamm gehört, der einen prächtigen Maskenkult betreibe. Und nach 14 Tagen konnten sie dann tatsächlich so ein tolles Maskenfest miterleben und haben alles begeistert niedergeschrieben. Jahre später kamen dann andere Forscher und haben den Stamm befragt, wie das war. Und dann haben die erzählt, sie seien von Fremden besucht worden, die irgendetwas mit Masken sehen wollten. Dann hätten sie 14 Tage verzweifelt nachgedacht, was das sein könnte, und haben sich halt dann schnell was ausgedacht. Das war alles andere als authentisch. Das war nur für den Blick des anderen inszeniert. Das ist genau der Blick, den wir auf den Talkshowgast haben. Wir haben das Gefühl, der ist immer so, und der hat das Gefühl, wir sind seltsame Verrückte, denen er etwas bieten muss.

War das mal anders?

Ich glaube, in den 70er Jahren gab es noch andere Formen von Öffentlichkeit im Fernsehen. Zum Beispiel die österreichische Diskussionssendung »Club 2«, die ganz gezielt eingerichtet wurde, um einer größeren Bevölkerung die Möglichkeit zur politischen Diskussion zu geben. Da konnte die Hausmeisterin neben dem Minister sitzen und fragen: Sagen Sie, was haben Sie da für Sozialgesetze beschlossen? Das war wirklich konfrontativ, man wusste nicht vorher, was die Einzelnen sagen würden. Da konnten sehr unerwartete Dinge passieren, es gab open end, das konnte auch sechs Stunden dauern.

Da waren die Individuen eingeladen, mit der Möglichkeit, als Citoyens zu sprechen, etwas Öffentliches zu erörtern. Das ist heute unter der Hegemonie des Privatfernsehens kaum noch möglich. Nur Intellektuelle dürfen im Fernsehen noch manchmal ein bisschen klüger sprechen als sie sind; alle Anderen sind eingeladen als die Freaks, die sie sind. Das wird ihnen auch so suggeriert: Komm im Trainingsanzug zum Fernsehen, wie du auch sonst davor sitzt. Das hätten sich die Leute, die zum Club 2 gegangen sind, nicht getraut. Die haben sich so gut angezogen, wie sie konnten.

Aber Nina Hagen hat auch schon im Club 2 masturbiert.

Daran können Sie aber genau den Unterschied erkennen: Das war eine ganz bewusste Verletzung, die überhaupt nur unter der Bedingung möglich war, dass es eine funktionierende Öffentlichkeit gibt. Das war ein radikaler Versuch, an den Standards dieser Öffentlichkeit zu rütteln. Wenn das heute jemand macht, empfindet man das gar nicht mehr als Versuch, die Standards in Frage zu stellen, sondern man zeigt bloß mit dem Finger auf den Freak. In den 70ern war alles, selbst wenn das Privateste hervorgekehrt wurde, bezogen auf die öffentliche Rolle. Heute ist es umgekehrt: Selbst das Öffentlichste, was Leute sagen, gilt als ihre freakigste Privatmeinung.

Gilt das auch für Talkshows, die wenigstens inhaltlich den Anspruch erheben, politische Debatten aufzuführen?

Die große Gefahr ist, zu glauben, dass es so etwas wie eine fiktionsfreie Debatte geben könnte. Das gibt es nicht einmal außerhalb des Fernsehens. Selbst der trockenste wissenschaftliche Text hat eine Dramaturgie, muss eine Spannung aufbauen und am Ende zu einem Shoot-out kommen. In jedem klaren Gedanken steckt Kunst. Die Misere ist nur, dass die Leute die Kunst so schlecht beherrschen. Aber auch ein kunstloser Text ist Kunst, nur schlechte. Was die politische Talkshow prekär macht und des Werts beraubt, den sie haben könnte, ist, dass die Rollen so festgelegt sind. Es ist ja bezeichnend, dass die Gäste immer schon mit ihrer These vorgestellt werden. Dann muss man die aber auch zwei Stunden lang vertreten. Das trägt natürlich nicht unbedingt zur Spannung bei. Es könnte ja sein, das ich meine These überdenke und durch das, was der Andere sagt, zu einer anderen komme. Da herrscht heute eine Überregulierung, die im Sinn der Quote gemacht wird, die aber eigentlich der Quote letztlich schadet.

Und die vorhin zitierte Hausmeisterin tritt nur noch als Betroffene auf.

Ja, die darf bloß nicht aufhören, als Opfer zu sprechen. Jeder ist nur noch ein One-trick-pony. Niemand hat mehr diese Doppelexistenz von Bourgeois und Citoyen, die ihm erlaubt, das, was er ist, auch zu transzendieren, mal vernünftiger zu sprechen, als er eigentlich ist, sich gesitteter zu benehmen oder auch im Kopf des anderen zu denken. Das war aber ein ganz entscheidendes Funktionsprinzip einer bürgerlich geprägten Öffentlichkeit: Jeder war in der Lage, besser zu sein, als er selbst.

Ist das aber vielleicht nur ein nostalgischer Blick. Möglicherweise sitzen unsere Kinder in dreißig Jahren da und erinnern daran, wie toll das war, bei einem schönen Glas Wodka Red Bull »Deutschland sucht den Superstar« zu schauen?

Ich glaube, das ist nicht nostalgiefähig. Und es gibt vielleicht auch einen Beweis dafür: Wir sind nämlich eine Retrozeit. Das war 1970 nicht. Da gab es kein einziges Auto, das aus der Vergangenheit nachgeahmt wurde. Wir aber ahmen massiv nach. Das zeigt, dass uns was fehlt.

5. Über Askese, Ritual und Vorbilder

Falter: Schriftsteller schreiben derzeit Bücher darüber, dass sie kein Fleisch mehr essen. Andere hören auf damit, shoppen zu gehen. Woher kommt diese Lust an der Askese?

Robert Pfaller: Wenn Menschen verzichten, ersetzen sie etwas durch etwas anderes. Sie ersetzen – zum Beispiel Lust durch Selbstachtung. Unser Glück ist abhängig von dem Verhältnis zwischen unseren Wünschen und der Möglichkeit, die wünschenswerten Dinge zu besitzen. An beiden Polen kann man etwas modifizieren: Man kann schauen, dass man reicher wird und sich mehr kaufen kann. Oder man ändert die Wünsche und versucht, zufriedener zu sein mit dem, was man hat.

Ist es also Bescheidenheit, wenn jemand beschließt, vegetarisch zu leben?

Wir leben in einer Kultur, in der asketisches Verhalten als Zeichen von Höherstellung gesehen wird gegenüber hedonistischem Verhalten. Es kommt selten vor, dass eine Komödie einen Oscar bekommt. Den bekommt meist ein Film, der ein ernstes, trauriges Problem behandelt. Je feiner die Gesellschaft ist, desto weniger darf man laut lachen oder derbe Witze machen. Auch die Holocaust-Denkmäler sind meist so still, dass sie sich nur an kulturelle Eliten richten, die es gewohnt sind, sich leise, fast trauernd zu verhalten. Seit den 1990er Jahren hat das Asketische Konjunktur. Vieles, was vorher ein hohes Ansehen genossen hat und als lustvoll anerkannt war, gilt jetzt als prollig.

Die Vegetarier würden sagen, sie möchten die Tiere schonen, und nicht, weil sie weniger Spaß haben möchten.

Sie wissen nicht, was sie tun. Die Motive, die ihnen bewusst sind, sind nicht die wahren.

Das Motiv ist: Ich esse kein Steak, weil die Kuh sonst leidet.

Die alten Anthropologen aus Cambridge, etwa William Robertson Smith, haben die kluge These formuliert: Die Riten kommen vor den Mythen. Es gibt Entwicklungen in der Kultur, die nachträglich mit bestimmten religiösen und weltanschaulichen Programmen rationalisiert werden. Hätten wir nicht die Tiere schützen müssen, wäre uns ein anderer guter Grund eingefallen. Im Sex geht es nicht um den Tierschutz, und auch hier sind wir wesentlich prüder geworden. Wenn bei einem amerikanischen Football-Spiel eine Zehntelsekunde lang ein nackter Busen aufblitzt, sind Zehntausende traumatisiert.

Was sind denn die Motive, die uns nicht bewusst sind?

Man muss diese negativen Riten in der Abgrenzung gegenüber den positiven Riten sehen. Wenn Religionen das Fleischessen verbieten, dann deshalb, weil andere Religionen ihre Zeremonien durch kollektives Fleischessen feiern. Wenn die einen mit Wein gefeiert haben, wurde er von den anderen verboten. Das ist einer der Ursprünge dieses Verhaltens. Man entdeckt die Vorzüge nachträglich: Wenn man sehr lang keinen Wein trinkt, steigert sich das Selbstwertgefühl gewaltig. Die asketischen Riten führen zu einem schleichenden Lustgewinn.

Was ist dann der Unterschied, das Unlustige an der Askese?

Es ist keine Lust, die sich in Schreien, Lachen und Ausgelassenheit äußert, sondern sich in einer immer stiller werdenden Selbstachtung akkumuliert. Darum kann es passieren, dass diese Lust sich unter Umständen gar nicht mehr als Lust erfährt. So werden manche Asketen immer schmallippiger und können die Lust der anderen nicht mehr erdulden.

Ist der humorlose Veganer nicht ein Klischee wie die Emanze?

Natürlich gibt es unter diesen Menschen auch den Typus des Heiligen, der zufrieden ist mit dem, was er macht. Er hasst den Steakesser nicht, sondern denkt nur: ›Der Arme! Er muss sich wohl, nur weil er nicht so weit ist wie ich, noch immer mit solch unappetitlichen Ernährungsweisen herumschlagen. Wenn er will, kann ich ihm helfen.‹ Solche bewundernswerten Menschen gibt es immer wieder. Die generelle Tendenz der Kultur ist aber eine andere: Sie zerstört die rituellen Elemente; das, was man mit Michel Leiris auch das Heilige im Alltagslebens nennen könnte. Meistens geht dies damit einher, dass der Genuss des anderen nicht geduldet wird. Er gilt als obszön, löst Neid aus und die Sehnsucht nach Verboten.

Die Bevölkerung schrumpft, der Meeresspiegel steigt. Werden wir nicht deshalb zu Asketen, um die Welt zu retten?

Man könnte aus dem Weltuntergang auch eine ganz andere Konsequenz ziehen. Ich zitiere aus der CD von Trio Lepschi: »Wenn ana gscheit is, sagt er: Zeit is. / Heit sauf ma alle, dass a Freid is. / Is ana bled, sogt er, es is z'spät. / weil er jedn Morgn in die Arbeit geht. / Aber was der Blede leider net versteht, is, dass die Welt untergeht.« Wenn morgen die Welt untergeht, können wir heute noch Spaß haben. Rudolf Burger hat einmal bemerkt: Es ist nicht tragischer, wenn alle gleichzeitig sterben, als wenn alle nacheinander sterben. Es ist nicht so schlimm, wenn die Menschheit ausstirbt: Das steht jedem Einzelnen auch bevor.

Warum sprechen Sie diesem Engagement seinen politischen Gehalt ab?

Eine Rettung der Welt kann nicht in einem individuellen Maßstab geleistet werden. Die eigenen Ernährungsgewohnheiten einer utopischen Perspektive zu unterwerfen, erscheint mir als ein Ablenkungsmanöver. Man tut so, als würde man ein politisches Engagement pflegen, ergreift aber nicht die dafür notwendigen Maßnahmen, vielleicht, weil es einem zu gut geht. Diese individuellen Riten sind typisch für Mittelschichten, die mehr zu verlieren als zu gewinnen haben. In Ägypten und Tunesien haben sich Menschen, denen es schlechtgeht, gegen ihre Regierungen gewandt. Wenn es bei uns jemandem schlechtgeht, wehrt er sich nicht nach oben, sondern nach unten.

Wofür lohnt es sich zu leben?

Die Antworten sind leicht. Das Schwierige ist die Frage – und die Gewohnheit, sie zu stellen. Mit dieser Frage möchte ich in meinem Buch ein Regulativ bereitstellen gegen die Paniken, von denen westliche Gesellschaften gegenwärtig erfasst werden. Plötzlich muss alles der Sicherheit unterworfen werden: E-Mails werden gelesen, Telefone werden abgehört, Flugzeugpassagiere bis auf die Socken durchsucht. Niemand stellt die Frage: Wie bedroht sind wir wirklich? Wollen wir dem alles opfern? Wodurch ist unsere Sicherheit bedroht. Wie viele Leute sind bei der Al-Quaida, und wie viel würde es kosten, damit sie Ruhe geben? Mich hat interessiert, inwiefern diese neuen Besessenheiten – Sicherheit, Gesundheit und Kosteneffizienz – im allgemeinen Bewusstsein Blickverengungen erzeugt haben.

Was ist das neue an dieser Panik?

Es ist ein anderer Typ von Überzeugung. Auch die tapfere Kommunistin oder Christin z. B. fragte sich in den Nachtstunden, ob sie wirklich eine gute Kommunistin oder Christin ist. Diese Überzeugung, Einbildung, die Selbstachtung anhäuft und sich kritisch an einem Ideal misst, wird gegenwärtig getoppt von einem noch radikaleren Typ von Einbildung, der etwas Paranoisches an sich hat. Da gibt es kein Ideal mehr. Die Sicherheit oder die Gesundheit sind bedroht, daher muss alles gemacht werden, um diese Bedrohungen abzuwehren. Es gibt nichts, was das mäßigen oder relativieren könnte. An so einem Punkt muss die Philosophie noch einmal ihr Löwenhaupt erheben und dagegen brüllen. Es gibt in der philosophischen Tradition eine Reihe von Techniken, wie man sich aus diesen Paniken befreien kann, die aus Einbildungen resultieren.

Geben Sie uns bitte ein Beispiel!

Meistens waren es kleine Gegenfragen. Michel de Montaigne ließ sich auf seinen Siegelring drucken: ›Was weiß ich denn?‹ Der Mann hat ja unter heftigen Schmerzen gelitten, da half er sich mit dieser Frage. Wenn er von einer Krankheit oder einer fixen Idee besessen war, konnte er sich so davon lösen. Wofür lohnt es sich zu leben? Das ist der Versuch, sich aus dem Würgegriff des Verfolgungswahns zu lösen. Wenn die EU plant, dass auf den Zigarettenpackungen nur mehr Bilder von Lungenkranken drauf sein dürfen, dann denke ich mir: In welcher Welt wollen die leben?

Wäre der Schauspieler Charlie Sheen, der in seinen Interviews betrunken mit seinen Sexaffären und dicken Autos protzt, ein Gegenbild zu diesen Brahmanen des Guten?

Charlie Sheen ist ein Teil des Symptoms. Er ist insofern ein Komplize der Veganer, als er das gewünschte Zerrbild eines hedonistischen Materialismus abliefert. Man könnte ihn mit Porno-Popperinen à la Rihanna vergleichen: Da wird etwas Grelles erzeugt, auf das man in einer asketischen Kultur durchaus gebannt hinschaut. Der politische Einsatz würde darin bestehen, Verhältnisse herzustellen, in denen Charlie Sheen solche Auftritte hinlegen kann und sich der Zuseher, anstatt mit dem Finger auf ihn zu zeigen, fragt, ob dieses Verhalten zu seinem eigenen Lebensmodell in eine – vielleicht spannungsgeladene – Beziehung passt. In den libertinären Filmen der 1960er und 70er Jahre hat das noch funktioniert. Wenn Michel Piccoli mit zwei Frauen, Romy Schneider und deren Schwester, im Bett war, war das für einen großen Teil der Bevölkerung ein vielleicht befremdliches, aber immerhin diskutierbares Modell.

Was ist der Unterschied zwischen Flavio Briatore und dem rauchenden und rußverschmierten Rennfahrer Jochen Rindt?

Es liegt nicht im Vermögen Einzelner, an dieser Struktur von Öffentlichkeit etwas zu ändern. Vielleicht würde Jochen Rindt heute auch so wirken wie ein Briatore oder Charlie Sheen. Damals hätte man aber gesagt: Ah, das ist glamourös. Das kann sich zwar nicht jeder leisten, aber wenn wir eine gerechtere Gesellschaft hätten, könnten alle so leben. Rindt war ein Ansporn für das eigene Leben.

In der TV-Serie »Mad Men« ist zu sehen, was die von Ihnen verherrlichte Eleganz eigentlich ist: Ein frauenfeindlicher, betrunkener Machoscheiß!

Wenn ich Ihrer Beschreibung folge, würde ich sagen, dass diese Serie ein verdächtig wunschgerechtes Bild der Vergangenheit entwirft. In dem Augenblick, in dem wir uns eingestehen müssten, dass wir im Vergleich zu den 60er und 70er Jahren ein beschissenes, armseliges Leben führen, ist es opportun zu sagen: Haha, das schaut zwar hübsch aus, war aber in Wahrheit patriarchal und machistisch.

Eines Ihrer Lieblingsthemen ist das Rauchverbot. Haben Sie dazu auch eine konkrete politische Meinung?

Die Forderungen der Initiative »Rauchfreiheit« halte ich für vernünftig. Ich finde es wichtig, diese Debatte zu politisieren – d.h. die Frage zu stellen, warum es eigentlich die Aufgabe des Staates sein soll, den Individuen hier etwas zu verbieten. Wichtig ist auch, den Fanatismus der Debatte abzukühlen. Der Antiraucherfanatismus sollte sich wieder abkühlen. Warum sagt man nicht: Überlassen wir es dem Markt. Es gibt Nichtrauchercafés und Rauchercafés, je nach Nachfrage. Ich verstehe auch nicht, warum in jedem Lokal Bereiche für beide Gruppen vorhanden sein müssen.

Die Befreiungsideologie von '68 und die postmoderne Dekonstruktion sind für Sie zwei Seiten einer Medaille. Da die Suche nach der wahren Natur. Dort die Widerlegung alles Naturhaften. Wie geht das zusammen?

Die auf ihre Authentizität fixierten Narzissten und die ebenso narzisstischen, verbissenen Kritiker jeglicher Essenz haben das eine gemeinsam, dass sie niemanden Anderen mal grandios sein lassen können. Beide sind auf unterschiedliche Weise Gegner von etwas, wofür ich kämpfen würde. Ich bin für die Spaltung der Privatperson und der öffentlichen Rolle, und dafür, dass jeder in beiden Aspekten existieren darf. Die Selbstverwirklichung der 68er pfeift auf die Möglichkeit, elegant zu sein und ein anderes Mal sich mondän zu benehmen.

Und die Dekonstruktion?

Es ist eines der Rätsel der neueren Philosophiegeschichte, wie so ein so harmloser Zeitvertreib überhaupt in den Geruch einer kritischen Theorie geraten konnte. Das ist eine Methode, die wie eine langweilige Fußballmannschaft immer auf Unentschieden spielt. Überall wo eine Hierarchie entsteht, wo also das eine wichtiger ist als das andere, kommt die Dekonstruktion und sagt: ›Man kann es auch umgekehrt sehen. Nicht der Text oder das Bild, sondern das Beiwerk und der Rahmen sind das eigentlich Wichtige.‹

Was hat diese Denkweise mit dem Alltag zu tun?

Die heilige Kuh der Dekonstruktion ist die Relativität. Man ist davon überzeugt, dass keine Kultur besser ist als die andere. Man ist tolerant gegenüber fremden Kulturen, aber damit auch gegenüber der eigenen Kultur. Man kann dann nicht mehr sagen, die 70er Jahre waren besser als die Gegenwart. Es ist ja alles gleich. Die Relativität zwischen den kulturellen Idealen bedeutet auch eine Relativität im Verhältnis zwischen den Individuen zu ihren Idealen. Es gibt dann kein Ideal mehr.

Was wäre ein Beispiel dieser postmodernen Ideologie?

Typisch ist die Auffassung von Sexualität, wonach jeder seine eigene Schneeflocke ist. Keiner ist ein Mann oder eine Frau, es gibt nur unzählige Zwischenstufen. Keiner ist gleich, aber alle sind gleichberechtigt. Mag ja sein, aber dabei vergisst man, dass das Glück in einem Verhältnis zwischen einer Realität und einem Ideal besteht. Für die Schneeflocke gibt es kein Ideal als sich selbst, und das macht sie so unglücklich. Natürlich ist es schwierig, wenn wir dem Steve McQueen oder der Faye Dunaway nacheifern müssen. Aber das Schlimmste, was man einem Menschen antun kann, ist, ihm die Möglichkeit zu rauben, etwas aus sich zu machen, einem Ideal nahezukommen.

6. Über gutes Leben, Philosophie und Höflichkeit

Die Furche: Herr Pfaller, beim Titel Ihres Buches denkt man vielleicht gleich an die große Sinnfrage. Diese haben Sie bewusst nicht so erörtert.

Robert Pfaller: Das gute Leben ist im Moment von der anderen Seite her bedroht. Ich glaube, dass die Menschen im Moment gar nicht zu wenig Sinn erleben. Im Gegenteil: Die ökologische Katastrophe macht das Leben von unglaublich vielen Menschen im Moment sinnvoll. ›Wofür es sich zu leben lohnt‹ ist eine andere Frage als die ›Wozu es sich zu leben lohnt‹ – und das wäre die Sinnfrage. Wir brauchen nicht unbedingt ein großes Projekt, dem wir das Leben unterordnen. Es gibt ein Leben, das sich zu leben lohnt, ohne dass es für etwas anderes da sein muss.

Man sollte, etwa mit Montaigne, sagen: Unsere vornehmste Aufgabe ist es zu leben. Und auch wenn das ganz müßig ist, und wenn wir gar nichts auf die Reihe kriegen und einfach nur in der Sonne sitzen und uns freuen, dass die Blätter interessante Schatten werfen …

Montaigne wollte ja auch, dass ihn der Tod beim Kohlpflanzen ereile …

Genau, auch dieser Möglichkeit müssen wir ins Auge sehen können. Wir müssen das Glück ertragen können. Nur dann sind unsere Projekte überhaupt ehrenhaft. Sonst sind unsere Projekte Fluchten vor dem Glück. Wir können dem müßigen, dem nicht-projektorientierten Leben dann am ehesten ins Auge schauen, wenn wir uns vergegenwärtigen, dass wir eigentlich bei sehr kleinen, überschaubaren Anlässen das vollkommen perfekte Gefühl haben, dass sich das Leben lohnt. Wir stehen auf einer Anhöhe, blicken hinunter, sehen eine schöne Aussicht und haben eigentlich das Gefühl, jetzt lohnt sich das Leben. Oder wir küssen eine geliebte Person und sind vollkommen froh, ohne etwas Produktives zu leisten. Oder wir trinken mit Freunden ein Glas Wein und sind perfekt zufrieden, oder wir streicheln eine Katze und freuen uns und sehen in der Katze sozusagen das perfekte Vorbild montaignescher Philosophie.

Wie halten Sie's mit der Philosophie?

Ich glaube, die vornehmste Aufgabe der Philosophie besteht darin, fixe Ideen aufzulösen. Wenn Menschen in Paniken geraten, weil sie glauben, es muss jetzt alles der Sicherheit geopfert werden, oder es muss jetzt alles der Nachhaltigkeit geopfert werden, weil der Planet in hundert Jahren kaputtgeht, dann ist es die Aufgabe der Philosophie, Besonnenheit wiederherzustellen – und das vielleicht unter Zuhilfenahme manchmal greller Gegenbilder.

Im Moment mäßigen wir uns maßlos. In diesem Sinn hat Epikur gesagt: Auch bei der Mäßigung muss man sehr Maß halten – sonst wird das der größte Exzess.

Sie vermuten ja, dass wir gleichsam mit Randproblemen eingelullt werden, und gleichzeitig ziehen die großen Kapitalströme an uns vorbei. Gibt es da überhaupt ein ›Agens‹, eine absichtlich wirkende Kraft, die das lanciert?

Ja, es gibt natürlich Profiteure. Es sind in den letzten zwei Jahrzehnten sehr schmale Eliten sehr viel reicher geworden. Bei all diesen Dingen, wo uns etwas weggenommen wird, gibt es immer Leute, die uns erklären, dass das eigentlich eine Befreiung ist.

Wenn das Rauchen verboten ist, werden wir angeblich geschützt. Im Hintergrund lauert aber die Gefahr, dass das Solidaritätsprinzip bei den Krankenkassen gelockert wird. Lungenkrankheit muss von den Krankenkassen dann nicht mehr bezahlt werden, weil daran nur die erkranken, die freiwillig geraucht haben, oder die, die so unvorsichtig waren, in Raucherlokale zu gehen. Und das wird sich auf andere Bereiche ausdehnen. Dann müssen auch noch die zahlen, die zu dick sind, weil sie zu wenig Sport machen.

Leute fühlen sich schon politisch tätig, wenn sie nur noch Gemüse essen. Und diese Gesundheits- und Ökologiepaniken führen zu einer Entpolitisierung, weil sie eigentlich blind machen für die gleichzeitig verlaufende Entwicklung zum Repressivwerden des Staates.

Denken Sie nur an die Entwicklung der Universitäten. Innerhalb weniger Jahre haben sich die Universitäten, ehemals Orte des selbständigen Denkens, in repressivste Zwangs- und Kontrollanstalten verwandelt. Hier werden junge Leute systematisch vom Denken abgehalten. Ich höre jetzt, dass zum Beispiel Bachelor-Studenten der Philosophie ihr dreijähriges Studium abschließen können, ohne ein einziges Buch ganz gelesen zu haben.

Von der Alma Mater schwenke ich höflich zur Höflichkeit. Warum sehen Sie diese als zentralen Wert?

Wenn Sie und ich zueinander höflich sind, spielen wir eigentlich einem unsichtbaren Dritten ein kleines Theaterstück vor, und das erzeugt unsere Solidarität, ohne dass wir jetzt die gleiche Hautfarbe, die gleiche politische Gesinnung, dieselbe Lieblingsband oder so etwas haben müssen. Und genau diese Triangulierung, dass wir einem anderen etwas Lächerliches vorspielen, wovon wir beide wissen, dass es eine Illusion ist, schafft auch diese Distanz in der Gesellschaft, die einen angenehmen Umgang miteinander ermöglicht.

Ohne die Triangulierung nehmen wir den anderen ständig als den Dieb des Genießens wahr. Der Andere, der raucht, schädigt jetzt unsere Lungen. Der andere, der uns ein Kompliment macht, ist ein sexueller Belästiger. Wenn wir einen Dritten haben, ist das Rauchen ein Element zivilisierten Verhaltens und dann wird mir klar, dass es ein Theaterstück ist, das Sie mir zuliebe spielen, weil Sie mir zuliebe entspannter sein wollen.

Zu weiteren Einbildungen: Sie vertreten die These, dass damals auch die Griechen nicht an ihre Mythen als wahre Geschichten geglaubt haben?

Dazu ein hübsches Beispiel von einem englischen Philosophen, Howard Mounce, der zu seinen Studenten gesagt hat: ›Glauben Sie an Voodoo?‹ Nachdem diese zu 100 Prozent verneint haben, hat er sie aufgefordert: ›Zeichnen Sie kurz das Gesicht Ihrer Mutter auf den Zettel, den Sie vor sich haben. Gut, dann nehmen Sie bitte den Stift, und stechen Sie jetzt dem Bild die Augen aus.‹ Und daraufhin haben sich die Studenten zu 100 Prozent geweigert. Dann hat er gesagt: ›Aha, Sie glauben nicht an Voodoo.‹

Fazit: Es gibt so etwas wie eine perspektivische Illusion, die sagt: Früher hat man an die Dinge geglaubt. Wir glauben ja nicht mehr. Ich glaube, das ist doppelt falsch.

7. Über Genuss, Politik und Philosophie

Die Presse: In Ihrem neuen Buch vertreten Sie die These, dass wir uns maßlos mäßigen. Heute gibt es Bier ohne Alkohol, Schlagobers ohne Fett, Zigaretten mit weniger Schadstoffen und Sex ohne Körperkontakt. Haben wir verlernt zu genießen?

Robert Pfaller: In der Kultur der Gegenwart sind einige Regulative weggefallen. Es gibt eine Reihe von Besessenheiten: die Besessenheit von Gesundheit und von Sicherheit. Es gibt nichts, was diesen Dringlichkeiten relativierend entgegengesetzt werden kann. Wie gesund wollen wir noch sein? Welches Leben bleibt dann übrig, wenn wir alle gesund sind? Was ist die Qualität, die wir auf keinen Fall preisgeben? Das ist es, was ich unter maßloser Mäßigung verstehe. Es gibt in all diesen, asketischen Kulturströmungen nichts, was die Mäßigungsbestrebungen selbst mäßigt.

Leben wir nicht in einer hedonistischen Spaßkultur?

Bezeichnend ist für eine asketische Kulturepoche, dass sie das Andere, das, was sie verliert, sehr grell ausmalt. Natürlich gibt es eine Sehnsucht nach dem, was man verliert. Und man will das doch wieder hervorholen. Aber man holt sich das so hervor, dass es wunschgerecht eklig bleibt. Auf möglichst grelle Weise: Das betrifft dann die von Ihnen genannte Spaßkultur, wie auch den Bereich, den man als ›Porno-Pop‹ bezeichnen könnte. So junge Popsternchen, die in einem eher prostituiertenartigen Outfit auftreten müssen. Ich würde sagen: Das Grelle hat in einer Kultur die Funktion, vernünftige Beleuchtungen unmöglich zu machen. Es hat insofern eine Stützfunktion für das Asketische, das breite Teile der Bevölkerung ertragen oder auch gewollt befürworten.

Das betrifft auch den Film und die Talkshows …

Im Kino ist der Sex verschwunden. Der nackte Busen von Jeanne Moreau in »La Notte«, oder der Sex, den die Protagonisten beim »Großen Fressen« hatten: Diese Filme wären heute nicht mehr möglich. Dabei ist die visuelle Welt nicht sexärmer geworden. Je weniger Sex es im Film gibt, desto mehr dafür in der Talkshow – jedoch als Privatmarotte. Das Zerrbild des Genusses ist der Süchtige, das Zerrbild der Sexualität ist der Popstar im prostituiertenartigen Outfit oder der Talkshowgast, der von S&M-Praktiken mit der Mutter berichtet. Solche grellen Bilder sind gezielt so gestaltet, dass das Publikum nur gierig hinschauen, aber für sich selbst nichts damit anfangen kann – so dass es sich dann erleichtert wieder davon abwendet. Der Philosoph Max Scheler hat einmal geschrieben: »Wir leben in einer Welt voll von lustigen Dingen, angeschaut von lauter traurigen Menschen, die nichts damit anzufangen wissen.« Das kann man über unsere Epoche wie über sonst kaum eine andere sagen. Wir werden dauernd mit Genussmitteln bombardiert. Wir haben also die Rohmaterialien. Haben aber nicht die Fertigkeiten, diese Rohmaterialien zu verarbeiten.

Was macht überhaupt Genuss aus? Und wofür lohnt es sich zu leben?

Mir ist aufgefallen, dass das, wofür es sich zu leben lohnt, Praktiken sind, die nicht besonders exzessiv sein müssen. Aber doch dieses Merkmal haben, dass sie um etwas Zwiespältiges aufgebaut sind. Im Bier ist Alkohol. Wenn man zu viel erwischt, ist man betrunken und nicht so arbeitsfähig. In der Zigarette ist Nikotin. Im Sex gibt es Elemente, die entweder unappetitlich oder unanständig sind. Die man also nicht ständig haben will. Und das kennzeichnet jeden Genuss, der für uns eine Bedeutung hat. Und den man als kulturellen Genuss bezeichnen kann. Unproblematisch sind nur Lustformen, die mit unserer Tiernatur zusammenhängen. Dass wir eine bestimmte Temperatur brauchen, damit wir uns wohl fühlen, oder dass wir es gern haben, wenn es windstill ist usw. Alles, wofür es sich zu leben lohnt, hat diese Merkwürdigkeit, dass es um etwas herum gebaut ist, das wir nicht immer als angenehm empfinden. Die schwierige kulturelle Leistung besteht nun darin, Situationen herzustellen, in denen diese Dinge lustvoll werden.

Ein Beispiel ist, dass man bei einer Promotionsfeier kein Spaßverderber sein will und ein Glas Sekt trinkt – nicht bloß Orangensaft …

Genau. So wie ja das Bier am Abend mit Freunden gut schmeckt. Dasselbe Glas Bier am nächsten Morgen zu sehen, löst dann vielleicht eher Ekelgefühle aus. Überhaupt: Feiern heißt, einen profanen Alltag zu unterbrechen. Feierimperative haben eine gewaltige Kraft. Nehmen Sie Skirennen her: In Österreich, in einem Land, in dem es kaum zu Arbeitsniederlegungen oder Streiks kommt, würde jeder Chef Kopf und Kragen riskieren, wenn er der Belegschaft verbieten wollte, ein WM-Rennen anzuschauen. Bezeichnend ist jedoch, dass wir angesichts des Zwiespältigen der Genüsse so ratlos geworden sind. Wir wissen uns nicht mehr zu helfen. Als hätten wir als Erste erkannt, dass das zwiespältig ist, etwa dass Rauchen schädlich ist! Davor haben uns schon die Großeltern gewarnt! Und das führt in einer Kultur, die sich maßlos mäßigt, dazu, dass wir denken, wir wären glücklicher, wenn wir diese Elemente unterdrücken. Dann werden solche Surrogate produziert, wie Kaffee ohne Koffein, Bier ohne Alkohol, Schlagobers ohne Fett, Sex ohne Körperkontakt.

Machen uns diese Ersatzformen glücklicher?

Nein. Dass wir uns großartig fühlen, wenn wir am Samstag Bier trinken und beim Feiern das Arbeitsleid der Woche in einem anderen Licht sehen: Das können die Produkte, denen der Zahn gezogen ist, nicht leisten. Das Problem ist: Wir sind gegenwärtig Teil einer re-infantilisierten Kultur. Diese maßlose Mäßigung sieht zunächst nach Vernunft aus. Ist sie aber nicht. Es ist vielmehr diese Pseudo-Vernunft, wie sie so altkluge Kinder haben, die sich schon ganz erwachsen benehmen und wissen, dass man nicht Rauchen soll oder Alkohol trinken. Die sich aber wundern, dass die Erwachsenen, denen sie nacheifern, dann doch so verrückte Dinge tun wie sich verlieben, charmante Witze machen und sich betrinken. Vernünftig sein heißt ja gerade, die Vernunft nicht auch noch dort regieren zu lassen, wo sie nichts verloren hat – und sich manchmal Auszeiten von der Vernunft zu nehmen.

Warum kämpfen Menschen – Gesundheitsapostel, Regierungen, Nichtraucherverbände – so vehement für die Abschaffung von Genussmöglichkeiten?

Genussfähigkeit ist eine gesellschaftliche Ressource. So wie Bildung etwa auch. Und die ist uns verlorengegangen durch die Privatisierung öffentlicher Räume. Vieles, was kollektives Eigentum war, wurde in den letzten Jahren der allgemeinen Verfügung entzogen. Diese Beraubung wäre aber nicht möglich gewesen, wenn diese nicht von breiten Teilen der

Bevölkerung als Befreiung erlebt worden wäre. Viele Privatisierungen hatten noch so eine Art Post-68er-Geschmack. So wie die Erzählung von der Selbstverwirklichung: Sei ganz du selbst, sei ganz authentisch! Lass dir nichts einreden. Die Jugendlichen haben gedacht: Wenn sie sich gut benehmen, machen sie das nur für die Erwachsenen. Wenn du dich eleganter benimmst, dann bist du völlig heteronom, dann machst du das nur für die anderen. Frauen haben gedacht: Wenn sie sich schön machen, dann nur für die Männer usw. Das hat die Rebellion der Authentizität mit sich gebracht. Gerade diese Möglichkeit, eine von der authentischen Privatperson verschiedene Rolle zu spielen, in Gesellschaft jemand Anderer zu sein, nicht mit seinen ganzen Marotten in den Vordergrund treten zu müssen, ist ja eine Lustmöglichkeit, aber auch eine entscheidende politische Gestaltungsmöglichkeit.

Wie meinen Sie das? Machen wir uns sonst zu lauter »Idioten« – im antiken Sinne?

Nur wenn wir als öffentliche Personen auftreten, höflich miteinander sind, dann können wir überhaupt Fragen von allgemeinem gesellschaftlichen Interesse erörtern. Sonst ist das wie im Privatfernsehen, wenn dort jemand seine Privatmarotten exhibitionistisch preisgibt. Auch der Einbruch des Privatfernsehens wurde lange so erlebt. Man hat gedacht: Nicht nur die gut gebildeten Eliten, die gut angezogen sind, dürfen jetzt auftreten. Man muss nicht mehr Hochsprache sprechen. Man kann im Trainingsanzug kommen, mit dem man sonst vor dem Fernseher sitzt. Dann kann man erzählen, was man daheim so macht. Im Dialekt. Das wirkte emanzipatorisch: Zugleich hat es alle diese Leute der Möglichkeit beraubt, die Vernunft, die sie durchaus haben, auf gesellschaftliche Verhältnisse zu übertragen. Hausmeister, die von ihren Sex-Marotten erzählen, hat man nicht nach der fehlenden Bildungspolitik der Regierung gefragt. Die »Be Yourself«-Politik der heutigen Zeit führt also dazu, dass wir alle Zoo-Tiere neben anderen Zoo-Tieren sind. Die alle ganz sie selbst sind. Keiner erwartet mehr, dass irgendwer etwas für alle Anderen Relevantes sagen könnte.

Verändert diese »Be Yourself«-Ideologie auch die soziale Genusssphäre? Es gibt etwa die sogenannten Gesellschaftsraucher …

Es geht allzu oft nur mehr darum, nicht vom anderen belästigt zu werden. Alles, was wir am anderen wahrnehmen, erscheint uns heute als dessen düstere Privatpassion. Der andere, der uns eine Zigarette anbietet, wird so zum Imperialisten eines finsteren Genießens. Das ist eine völlige kulturelle Fehlwahrnehmung. In Wahrheit geht es um eine Praxis, die geteilte Eleganz hervorbringen will. Dass wir das so furchtbar finden und dem anderen den Genuss nicht gönnen, kommt aus dieser »Be Yourself«-Mentalität. Der andere ist dann plötzlich nur noch ›Raucher‹ und sonst nichts. Und wir glauben, der raucht zu Hause wahrscheinlich ganz viel. Wir können uns gar nicht mehr vorstellen, dass der andere dort vielleicht gar nicht raucht und sich jetzt spaltet. In einem öffentlichen Moment, uns zuliebe, eine Zigarette rauchen will. Das fällt uns schwer zu begreifen, wenn wir glauben, jeder sei immer er selbst.

In den gegenwärtigen Verschärfungen der Rauchergesetze orten Sie auch biopolitisches Kalkül.

In der Binnensphäre des Privaten herrscht Verwahrlosung. Und an den Grenzen sind Zäune, Kameras oder Truppen mit Schlagstöcken. Die Devise heute ist: Macht, was ihr wollt.

Es ist uns gleich. Aber wenn ihr bestimmte Grenzen überschreitet, dann klopfen wir euch auf die Finger. Vor 20 Jahren war das Signal des Staates noch: Ihr wisst doch selber, dass das in eurem Interesse ist, und wir werden euch helfen, das besser einzusehen. Wir helfen euch auch, alles zu erwerben, damit ihr euch entwickeln könnt. Die Zunahme repressiver Maßnahmen kann man auf vielen Ebenen beobachten. Auch in der Universität, die heute ein repressiver Zwangs- und Kotrollapparat ist. Prüfen und zur Anwesenheit zwingen, statt zu sagen: Sie sind erwachsene Menschen. Suchen Sie sich, was Sie interessiert! Noch mal: Eine Politik, die die Aufgabe der Förderung vernachlässigt, ersetzt dies oft durch Repressionsmaßnahmen. Wenn wir schon nichts für euch tun können, dann verbieten wir zumindest, was euch schadet. Das ist Pseudopolitik!

Auch im Fall der Rauchergesetze geht es dem Staat also nicht um die Gesundheit der Menschen?

Der scheinbare Schutz der Individuen dient dazu, die Menschen verantwortlich zu machen. Jetzt haben wir euch das Rauchen verboten: Wenn ihr lungenkrank werdet, dann müsst ihr das selbst bezahlen. Wir haben ja alles getan, was wir konnten! Das betrifft aber auch andere Bereiche. Bei Bewerbungsgesprächen wird von Individuen ein bestimmtes Freizeitverhalten abgefragt. Wer riskante Veranlagungen machen muss, sollte auch Risikosportarten betreiben. Nichts wird mehr dem Zufall überlassen. Wenn man aber sagt: Die Raucher sind selber schuld, und getrunken werden darf auch nicht mehr, dann darf man bald auch nicht mehr dick sein. Das steuert auf eine Gesellschaft zu, in der es wirklich sehr ungemütlich ist für den Großteil der Mitglieder.

Man könnte vielleicht sagen: Wirtschaftlich dereguliert man, gesellschaftlich reguliert man …

Exakt. Man darf nicht vergessen, dass etwa der Rinderwahn, der lange Zeit über Europa wie ein Gespenst gelastet hat, den Deregulierungen zu verdanken war. Die Regierung Blair hatte die Futterkontrollen bei der Viehzucht gelockert. Das wäre ja die Aufgabe des Staates: Die Individuen dort zu schützen, wo sie sich nicht selber schützen können. Ich verfüge wirklich nicht über die Expertise, den Weg meines Steaks exakt zurückzuverfolgen. An dieser Stelle lässt der Staat aus und macht Pseudopolitik, klebt mir kondolenzanzeigenartige schwarze Ränder auf die Zigarettenpackung.

Rauchen Sie eigentlich?

In meiner bourgeoisen, idiotischen Privatexistenz rauche ich so gut wie nicht. Nur ganz selten. Aber dann genüsslich. Aber da man nicht nur Bourgeois, sondern auch Citoyen ist, geht es mir darum, die gesellschaftliche Bedeutung solcher Rituale zu sehen und mich dafür einzusetzen. Die Situation war vor 15 Jahren noch eine ganz andere. Es ist Aufgabe der Philosophie, solche Kulturvergleiche anzustellen. Und sich zurückzuerinnern. Vor sehr kurzer Zeit war uns das noch alles zugänglich. Da wurde noch darüber gestritten, ob man in Großraumbüros rauchen darf. Da bin ich auch nicht unbedingt dafür. Aber ich bin dafür, dass das Rauchen Foren hat, wo es mit Anstand betrieben werden kann. Dass man Leute nicht nach hinten zur Müllkippe schickt. In Gesellschaft hat man ja nicht nur aus Anhänglichkeit an eine toxische Substanz geraucht. Sondern auch, weil das dazugehört hat, um sich selbst entspannter den anderen präsentieren zu können. Wenn man raucht, wird man ein bisschen ruhiger, hat etwas zu tun. Wenn man in eine Bar kommt und nicht gleich bedient wird, ist es ganz gut, wenn man was zu rauchen hat. Man kriegt eine ruhigere, abgeklärtere Beobachterposition.

Man darf auch nicht vergessen, dass das Rauchen ja lange Zeit auch eine erotische Qualität besaß …

Es kommt ja nie nur ein Kulturmedium alleine in Verruf. Mit dem Rauchen auch die ganze Erotik, die damit verbunden war. Wenn man sieht, wie Lauren Bacall Humphrey Bogart um Streichhölzer fragt oder um Feuer, so gehört das auch zu einem ganz bestimmten, emanzipierten Anbahnungsverhalten zwischen den Geschlechtern. Das ist genauso in Verruf geraten. Das ist ein echter Verfall. Ich glaube eben nicht, dass alle Kulturepochen gleichermaßen gut oder leistungsfähig sind. Wenn Leuten so was verlorengeht, liefert ihnen die Kultur weniger Hilfsmittel, um mit Dingen, aus denen sich Lust gewinnen lässt, auch lustvoll umzugehen.

Ihre These lautet, dass es in unserer Kultur nicht darum geht, gut zu leben, sondern besonders lang zu leben …

Schon bei Epikur heißt es: Der Weise wird sich lieber das süßeste Brot nehmen als das größte. So müsste man doch auch mit dem Leben umgehen. Das ist die Grundfrage der antiken Philosophie: Die Ethik dominiert über andere Disziplinen. Man denkt auch nur über Atome nach, weil man sich fragt, wie man sich Seelenruhe verschaffen kann.

Der Untertitel ihres Buches lautet: »Elemente materialistischer Philosophie.« Wie ist das zu verstehen? Aktualisieren Sie antike Gedanken – etwa der Stoa und der Epikuräer – für die Gegenwart?

Schon, ja. Philosophen, die nach dem guten Leben fragen, sehen dieses oft bedroht. Und zwar durch Einbildungen. Das scheint mir das materialistische Moment zu sein: Das Gegenteil der Materie sind die Wahnideen. Durch Wahnideen, sagt Epikur, verderben sich die Menschen ihr Glück. Die Philosophen, die nach dem guten Leben fragen, bieten brauchbare Tricks, wie man sich der Besessenheit durch Wahnideen, der Verhaftetheit in Einbildungen und fixen Ideen entziehen oder entwinden kann.

Verstehen Sie das unter dem Begriff einer »materialistischen Gymnastik«?

Ja, das ist wie beim Ringen. Man braucht eine Kraft und Fertigkeit, um sich den Würgegriffen von Ideen zu entwinden. Ähnlich hat auch Ludwig Wittgenstein über dieses Problem nachgedacht: Bilder halten uns gefangen, und erst mit Hilfe anderer, starker Bilder können wir uns diesen Bildern entziehen, sagt er. Dieses Herausreißen und Herauswinden aus Besessenheiten interessiert mich. Mir scheint, das, was wir heute als Dringlichkeiten erleben, sind auch Besessenheiten, die etwas Paranoisches an sich haben. Das sind gar nicht mehr Überzeugungen in einem klassischen Sinn. Klassische Überzeugungen haben ja einen Abstand zwischen einem Träger und einem Ideal vorausgesetzt. Wenn man Christ war, hat man überlegt, ob man ein guter Christ war. Man war bürgerliche DemokratIn oder KommunistIn. Oder was auch immer. Sicherheitsfanatiker und Gesundheitsapostel haben diesen Abstand und auch diese Distanz zu sich selbst verloren. Da kommt das materialistische Erbe ins Spiel. Man muss versuchen Gegengedanken zu entwickeln. Techniken, mit denen man sich so einem Zugriff entziehen kann.

Wird Philosophie so zum Kampfsport?

Antike Philosophen haben ihre Philosophie zum Teil in den Pausen von richtigen Ringkämpfen entwickelt. Einige berühmte Szenen spielen am Rand dieser Ringplätze: der Dialog »Theaitetos« von Platon etwa. Das hat ihnen eine gute Metaphorik geliefert dafür, wie Philosophie funktionieren kann. Dass man sich mit etwas Geschick und etwas Kraft wehren kann. Die antike Philosophie hat das in besonderer Brillanz hervorgebracht.

Können Sie ein Beispiel nennen?

Der Stoiker Epiktet war einmal auf einer Schiffsreise. Als meterhohe Wellen aufkamen und die Mannschaft vor Angst bewegungslos war und aufs Meer hinausgestarrt hat, hat Epiktet gefragt: ›Was starrt ihr das Meer an, als ob ihr es austrinken müsstet? Zwei Liter genügen, um jeden von euch ertrinken zu lassen.‹ Das war mit einer Frage eingeleitet und kein Appell. Er sagt eben nicht, sie sollen keine Angst haben! Was Epiktet macht, ist ein ganz eigenartiger, paradoxer Kunstgriff, der die Angst eigentlich noch größer macht. Aber die Leute gerade dadurch aus der Angst herausreißt. Daran haben sich auch neuere Philosophen gern erinnert. An diese Fähigkeit, mit relativ einfachen Fragen so einer Paranoia zu entkommen.

Welche Tricks dieser Art gibt es noch?

Michel de Montaigne hat von den antiken Skeptikern die Frage gelernt: »Was weiß ich denn?« Wenn ihn eine fixe Idee zu plagen schien, hat er diese Frage gestellt. Das kann man auch heute machen. Beispielsweise wenn es darum geht, ob der Islam bedrohlich ist. So was kann einen ganz gut schützen vor allerlei Dummheiten. Indem man es sich zur Gewohnheit macht, diese Zwischenfragen einzuwerfen. Eben: »Was weiß ich denn?« So scheint mir die Frage »Wofür lohnt es sich denn zu leben?« eine sehr ähnliche Frage zu sein wie die von Epiktet auf dem Schiff. Es ist ja auch keine Frage, die besonders Hoffnung macht. Die Frage sagt: Es müssen nicht einmal zwei Liter Wein sein, ein Viertel Liter genügt, um dir einen frohen Abend zu machen. In der Paranoia haben wir ja eine Art Größenwahn. Wir glauben, wir könnten die Welt so sicher machen, dass uns niemand mehr was tun kann. Als würden wir ewig leben. Dabei ist es doch wichtig, das Lebendige am Leben in Erinnerung zu rufen. Und die Tatsache in Erinnerung zu rufen, dass das doch auf jeden Fall einmal endet. Wenn wir nicht durch eine Naturkatastrophe morgen sterben, dann eben übermorgen, jeder einzeln für sich. Zugleich muss man sehen: Wir haben sehr überschaubare Bedürfnisse. Aber doch auch sehr beträchtliche Lustmöglichkeiten. Und dass es lohnt, diese zu verteidigen und nicht kaputtzumachen durch paranoische Perspektiven, die uns alles ruinieren könnten.

Ihr Schlusssatz bietet einiges an Sprengkraft: »Sich das gute Leben nicht schon vor dem Tod nehmen lassen!« Ist »Wofür es sich zu leben lohnt« ein politisches Buch?

Ja. Das Buch ist ein Versuch zu zeigen, dass eine Ethik des guten Lebens nicht ohne ein politisches Programm auskommt. Das gute Leben besteht darin, zwiespältige Genüsse in triumphale Freuden zu verwandeln. Das ist aber nur unter bestimmten gesellschaftlichen Bedingungen möglich. Wir sind Zeitzeugen einer Entwicklung, wo die Kultur aufgehört hat, solche Bedingungen zur Verfügung zu stellen. Da müssen wir versuchen, gesellschaftliche Arbeit zu leisten, um solche Ressourcen wieder aktivieren zu können und einem großen Teil der Bevölkerung wieder zur Verfügung zu stellen. Auch muss man sehen: Der Genuss ist ja nicht vollständig aus der Gesellschaft verschwunden. Nur aus der breiten Mitte. Wie sich ja auch bei den Einkommen eine gewaltige Umverteilung vollzogen hat, ist es auch mit den Genussressourcen geschehen: Es genießen eigentlich nur noch sehr korrupte Eliten. Oder eine Unterschicht, die in Kauf nimmt, für ihr hedonistisches Verhalten niemals mehr Distinktionsgewinne erzielen zu können. Die verachtet werden für ihre pornographischen Praktiken. Die Frage der Herstellung gesellschaftlicher Genussbedingungen ist damit immer schon sehr politisch.

Philosophie war einst Lebensklugheit. Peter Sloterdijks letztes Buch hieß: »Du musst dein Leben ändern«. Besinnt sich die Philosophie wieder auf Grundkompetenzen, die sie lange an Lebenshilfe, Ratgeberliteratur und Esoterik abgegeben hatte?

Ja, aber nur an den Rändern und an den Außenseiterbezirken der Philosophie. Selbst Sloterdijk – trotz seiner enormen Prominenz – ist sozusagen kein typischer Akademiker. Das gilt für Slavoj Žižek in ähnlicher Weise. Hochgeschätzt in breiten Kreisen, aber nicht voll akzeptiert von den akademischen Zirkeln der philosophischen Akademie. Dieser Randbereich nimmt aber sehr wohl ein altes Erbe der Philosophie auf. Das die Philosophie an sich selbst vergessen hatte. So wie vieles andere. Etwa die Frage nach den Einbildungen. Die war bis ins 17. Jahrhundert ein zentrales Problem der Philosophie: bei Spinoza, Descartes oder Pascal. In der Aufklärung scheint das nicht mehr so zentral zu sein. Bei Kant verflüchtigt sich das dann in die transzendentale Dialektik. Da gibt's dann nur noch ein paar Einbildungen, die man nicht ganz leicht loswerden kann. Und Ähnliches gilt für die Problematik des Glücks und des guten Lebens.

Die Frage ›Was soll ich tun, um moralisch zu sein?‹ ist ja eine strukturell andere als jene: ›Was soll ich tun, um glücklich zu werden?‹

Bei Spinoza war die Frage des Glücks noch zentraler Bestandteil seiner Ethik. Die Frage spielt im 18. Jahrhundert keine entscheidende Rolle. Das ist mehr ein Nebeneffekt von Sittlichkeit – etwa bei Kant. Bezeichnend ist, dass die Frage des Glücks – von der Philosophie vernachlässigt – erst wieder mit Freud prominent formuliert wurde. Die Philosophie hat eine eigenartige Art, das, was sie schon weiß oder kann, zu vergessen. Und damit auch einen Zentralbestand ihrer Probleme und Lösungsmöglichkeiten zu vergessen. Sich stattdessen auf Probleme zu stürzen, die vielleicht eine größere Finesse haben oder mehr Anerkennung bringen in einem akademischen Zusammenhang. Die aber in ihrer Isolation vielleicht auch gar nicht mehr gut gelöst werden können. Bei den Großen, wie auch bei Ludwig Wittgenstein, merkt man schon, dass immer etwas Ethisches hereinspielt in die theoretischen Fragen. Die Frage der Sprachspiele betrifft immer auch das Alltagsleben, besitzt ethische und politische Aspekte.

Manche Philosophen scheuen es auch, sich mit tagesaktuellen Dingen zu beschäftigen. Sie hingegen lesen kulturelle Tendenzen an Strömungen innerhalb der Popkultur ab.

Ich sag das auch meinen Studenten: Jemandem, der Philosophie betreibt, darf es vor nichts grausen. Vor keinem Gegenstand, ob Pornographie, Pop, Gott oder Subkultur. Auf all das muss man in einem gewissen Maße neugierig sein! Auch wenn nicht alles gleichermaßen gefällt. Aber das ist etwas, was ich an den wachsten Philosophen des 20. Jahrhunderts sehr geschätzt habe. Wie etwa Walter Benjamin. Auch Wittgenstein ist ja gerne ins Kino gegangen und hat lieber Kriminalromane gelesen als Fachzeitschriften. Niemand und nichts ist zu blöd, dass man nicht etwas davon lernen könnte. Das ist eine wichtige Haltung der Philosophie. Erst an bestimmten Symptomen der Popkultur kann man Entwicklungen ablesen, die man in der gereinigten, akademischen Form erst viele Jahrzehnte später wahrnehmen könnte.

Sie raten zum Trinken, zu Fernsehen und zur Beschäftigung mit Pornographie: Betreiben Sie selbst eine hedonistische Wohlfühlphilosophie?

Wenn das eine Wohlfühlphilosophie ist, dann hat sie nichts Beschwichtigendes an sich. Ich rate ja auch zur Unzufriedenheit. Uns wurde doch etwas weggenommen. Das ist sicher die schlechte Nachricht. Die gute lautet: Eine materialistische Philosophie, die sich den Würgegriffen der zwanghaften Ideen zu entwinden versucht, ist lustvoll und verrät sich am Kennzeichen des Lachens. Das ist auch gegen die Wertschätzung des Traurigen gesprochen. Oder gegen die Wertschätzung des Ernstes. Es ist erstaunlich, wie schnell auch kluge Philosophen zu dem Fehlschluss neigen, dass eine Philosophie, die witzig ist, keine ernsthaften Wahrheiten hervorbringen könne. Žižek kämpft mit diesem Problem ununterbrochen. Ich bin nur halb so witzig wie er, aber auch mir widerfährt das des Öfteren. Das sind merkwürdige kulturelle Präferenzen für das Tragische. Und dafür, dass man das Tragische für wahrheitsfähiger hält als das Komische. Was ja ganz und gar nicht stimmt.

Sie schreiben, materialistische Philosophie bevorzuge die Komödie – auch und besonders als Erkenntnisinstrument.

Die Komödie ist eher in der Lage, den ernsten Tatsachen ins Auge zu sehen. Weil die Tragödie ja von vornherein traurig ist. Die sieht ja nichts mehr außer ihrer eigenen Traurigkeit. Wir befinden uns in einer schwierigen Situation: Klassendifferenzierung wird immer über den Versuch der Distinktion ausgeübt. Man versucht sich von den weniger Klugen dadurch zu unterscheiden, dass man traurigere kulturelle Praktiken wählt. Die nicht mehr ganz so dumm, ganz so grell, ganz so grob sind. Die sind alle etwas ernster. Man sitzt still, schaut ernster, man darf nicht husten und nicht wetzen. Und das gilt dann als das Höhere. Ich glaube, dass es bezeichnend ist: Kulturen, in denen die Klassendistinktionen zunehmen, werden auch immer asketischer. Kulturen, in denen die Güter gleichmäßiger und gerechter verteilt sind, können besser damit leben, wenn es lustiger zugeht. In Europa geht's ja noch lustiger zu als in den USA. Wenn man sich dort die Businessclass ansieht: Die sind ja fast so angezogen wie Mönche. Männer und Frauen, fast nur in Schwarz und Weiß. Das ist sicher ein Effekt dieser Distinktionspraktiken, dass derjenige, der nur einen Funken Farbe zeigt, sogleich verdächtig ist.

Es gibt zwei zentrale Vorwürfe an die Philosophie: einerseits sei sie zu abstrakt, andererseits blähe sie einfache Dinge künstlich auf. Was kann die Funktion von Philosophie heute sein?

Sie sprechen da zwei Dinge an. Der Spagat zwischen akademischer Disziplin und außerakademischer Öffentlichkeit ist die eine Sache: Wenn man in der Öffentlichkeit etwas drastisch formuliert, rümpfen die tragisch gesinnten Akademiker gleich die Nase. Und sagen: Das ist einer, der in der Universität gar nichts verloren hat. Das ist ein Vorwurf, der vielen völlig zu Unrecht gemacht wird. Zur zweiten Sache: Ich glaube auch, man muss einfach und prägnant formulieren. Vielleicht auch mit Übertreibungen arbeiten, damit die Sache deutlicher wird. Um auf einen Common Sense einwirken zu können. Philosophen müssen diesem Common Sense widersprechen. So dass die Leute sagen: Also ich hätte immer schon das Gegenteil geglaubt!

Die Aufgabe bestünde also darin, eine Art sokratische Funktion zu erfüllen und die Menschen zur eigenen Wahrheitssuche anzustacheln?

Die Leute sollen sagen: Das, was Philosophen sagen, etwa der Pfaller, befremdet mich, aber ich fang jetzt an, meinen bisherigen Standpunkt als befragbar zu betrachten. Dann ist das schon etwas gelungen. Es geht also gerade nicht um eine Philosophie, die Selbstverständlichkeiten sprachlich verziert. Der Soziologe Niklas Luhmann hat einmal gesagt: Es ist der Wert der Methode, sich selbst zu überraschen. Diese Arbeit hat auch für mich selbst Überraschungen mit sich gebracht. Mir war das nicht immer so klar, dass wir von so zwiespältigen Genüssen leben. Und dass unsere Freuden daher kommen, dass wir diese Zwiespältigkeiten transformieren. Das hat mich sehr viel Theorie der Einbildung gekostet, um dorthin zu kommen. Ich glaube, dass die Aufgabe des Philosophen darin besteht, Erkenntnisse zu vergröbern. Meine Erfahrung ist nicht, dass die Leute grölend einstimmen in das, was ich zu sagen habe. Das ist komplizierter: Von den einen erfahre ich völlige Ablehnung. Wie ich als Philosoph nur darauf kommen könne, Rauchen, was ja offensichtlich schlecht ist, zu verteidigen! Ein anderer Teil sagt mir: Das, was Sie sagen, ist sehr interessant, auch wenn ich es nicht glaube. Das ist das Wesentliche: Dass die Theorie Denkmöglichkeiten eröffnet. Das betrifft ja auch Freud. Es wäre nachgerade absurd und naiv zu behaupten, Freud sei überholt, weil eine einzelne These überholt oder modifiziert ist. Das Wesentliche an Freud ist, dass er dieses Denkfeld eröffnet hat. Das Denken hat die Aufgabe Denkmöglichkeiten zu eröffnen.

Das ist ja ein klassischer Vorwurf, den man vielen Theoretikern, etwa auch Michel Foucault oder Friedrich Kittler, gemacht hat. Nur weil einzelne Ergebnisse falsch sind, ist die Methode doch nicht schon obsolet …

Genau. Und das ist auch wichtig: Damit Gedanken greifbar werden, müssen sie so etwas wie ›Schlusssteine‹ haben. Oder Herrensignifikanten, wie die Philosophen sagen. Walter Benjamin hat einmal gesagt: Zum Denken gehören nicht nur die Gedanken, sondern auch die Stillstellungen der Gedanken. Das ist vielleicht das Wichtigste und das Angreifbarste an der philosophischen Arbeit, dass man die Gedanken so aufreibt, dass das ein orientiertes Ganzes wird. Vielleicht auch eine Waffe gegen eine bestimmte Meinung oder Evidenz. Etwas, das bisher nicht anders gedacht werden konnte. Die materialistischen Fragen von vorhin: Das sind eben auch solche philosophischen Schlusssteine. Die entweder geeignet sind, Gedanken sehr gut zusammenzufassen oder neue Gedankenwelten zu eröffnen. An die Stelle der paranoischen Gedanken kommt plötzlich das »Was weiß ich schon?« von Montaigne. Oder das »Würde ich mich dafür hängen lassen?« von Kant. Oder das »Wofür es sich zu leben lohnt«.

Ähnelt das nicht auch der Kunst?

Absolut. Die Kunst muss ja auch Schlusssteine finden, um ein Werk zu einem Ganzen machen zu können. Nur durch Schlusssteine wird ein Denken angreifbar. Wenn das kein Ganzes ist, noch unabgeschlossen, lässt sich ja nichts (dagegen) sagen, weil immer noch was kommt. Zum anderen eröffnen die Schlusssteine alle anderen Gedanken, die in diesem geschlossenen Ganzen enthalten sind. Sie machen alle anderen Gedanken des Denkgebäudes zugänglich. Das ist, was viele Leser, die ich so schätze, richtig erkannt haben: Die sagen: ›Wir würden vielleicht andere Schlusssteine setzen.‹ Aber durch meine Schlusssteine sind ihnen die aufgefädelten Gedanken an dieser Kette überhaupt mal zugänglich geworden. Und sie können sie durch das Setzen eines Schlusssteins in eine andere Folge bringen. Das wäre überhaupt das Beste, was passieren kann. Wenn sie dann ihre eigenen Schlusssteine setzen könnten.

8. Über Vorschriften und Sex

Weltwoche: Wann sind Sie das letzte Mal stark verkatert aufgewacht?

Robert Pfaller: Das ist nicht lange her. Allerdings vertrage ich derzeit wegen einer gesundheitlichen Beeinträchtigung oft keinen Alkohol, da sind manchmal schon zwei Gläser zu viel und verursachen einen schrecklichen Kater.

Dann kann man Sie also gar nicht fragen, ob sich der Rausch gelohnt hat.

Doch. Er hat sich gelohnt. Die Fröhlichkeit gibt uns Kraft, mehr jedenfalls, als wenn wir dauernd auf unsere Gesundheit achten.

Im Buch bezeichnen Sie all die Verbote und das lustfeindliche Verhalten als eine Folge des Neoliberalismus. Das Gegenteil ist doch der Fall: Wenn der Staat den Leuten vorschreibt, was gut für sie sein soll, so ist das doch eher dem Sozialismus zuzuordnen.

Daran zeigt sich zunächst vor allem, wie sehr sich neoliberale Politik von klassischem Liberalismus unterscheidet. Denn das klassische bürgerlich-liberale Bewusstsein ist freiheitsliebend. Das Rauchen im Kaffeehaus als öffentliche Verkehrsform zum Beispiel wurde in Österreich von der bürgerlichen Revolution erkämpft. Typisch für den neoliberalen Staat ist, dass er sich so weit zurückzieht, dass er – anders als ein sozialistischer – keine positiven, fördernden Funktionen mehr wahrnimmt, sondern nur noch die negativen, verbietenden. Zum Beispiel, indem er kaum mehr öffentliche Räume zur Verfügung stellt.

Unzählige staatliche Präventionskampagnen wollen uns das lustvolle Leben vermiesen.

Weshalb lassen wir das zu?

Es geht den staatlichen wie privaten Präventionsfachleuten nicht in erster Linie darum, uns etwas zu vermiesen, sondern ein paranoisches Bewusstsein aufzubauen. Plötzlich muss man alles ausziehen bis auf die Socken, weil die Sicherheit in Gefahr ist; morgen ist das Ozonloch bedroht, dann dürfen wir kein Fleisch mehr essen. Es sind immer ganz enge Schlüsse von einer Bedrohung zu Sofortmaßnahmen, die uns nicht nur bevormunden, sondern auch in eine Hektik und einen Moralismus versetzen. Jegliches Innehalten soll damit verhindert werden, ja niemand soll hinterfragen, ob die Bedrohung tatsächlich so ernst ist und ob die Maßnahmen angemessen sind – und ob man sich nicht um ganz andere Fragen zuerst kümmern sollte.

Weshalb fallen wir immer wieder auf solche Panikmache rein?

Mit einer Weltanschauung wie »Die Erde steuert auf eine Katastrophe zu, wir müssen etwas tun« kann man sich gut identifizieren. Das schafft uns die Gelegenheit, uns vernünftig zu fühlen, indem wir vermeintlich richtig handeln. Der Lustgewinn liegt nicht in der Freude, sondern in der Selbstachtung.

Die Schlagzeile »Radioaktive Wolke im Anflug« hat halb Europa tagelang in den Bann gezogen. Dass alle Fachleute beteuerten, diese Wolke sei völlig ungefährlich, schien niemanden zu interessieren. Der Mensch scheint Horrorszenarien zu mögen.

In solchen Fällen weiß man eigenartigerweise nie genau, ob die Bedrohungen hochgespielt oder totgeschwiegen werden. Oft geschieht wohl beides gleichzeitig. Was sicher ist: Unsere Zeit zeichnet sich durch ein ständiges Panikbewusstsein aus. Das ist ein Epochenunterschied gegenüber der Moderne, die noch durch einen starken Fortschrittsglauben geprägt war. Wenn man an den Fortschritt glaubt, ist man nicht gleich zimperlich, wenn einmal Schwierigkeiten auftreten. Heute, in der Postmoderne, glauben wir an gar nichts mehr außer an uns selbst. Deshalb sind wir so in Beschlag genommen, wenn eine vermeintliche Bedrohung auftaucht. Wir haben keine anderen fixen Größen, an denen wir eine solche Gebanntheit relativieren könnten.

Nach der Katastrophe in Japan sagten die bekanntesten Schweizer Komiker ihre wöchentliche Comedy-Sendung ab, da ihnen in diesem Umfeld nicht nach Spaßmachen zumute ist. Wenn selbst die Hofnarren schweigen, was bedeutet das?

Ich kenne diese Comedy-Sendung leider nicht. Meist dürfte es bei solchem Verhalten aber darum gehen, dass man über den anderen nicht lachen darf, weil man ihm nicht zutraut, dass er auch über sich selbst lachen könnte. Dabei wäre dies die Form des zivilisierten Umgangs miteinander: dass man gegenseitig über- und miteinander lachen kann. Wenn man aufhört zu lachen, macht man die Welt zu einem Zoo, in dem sich alle nur noch fremd und mit ihrer stupiden Identität beschäftigt sind.

Gilt auch hier wieder, das oberste Gebot ist, niemanden zu stören?

Genau. Die Tonalität der Intervention hat sich total geändert. Heute sagt der Staat nicht mehr: »Sei doch kein Spielverderber, wer hier lebt, muss das ertragen können, nimm dich gefälligst zusammen.« Sondern er sagt: »Könnte dich nicht etwas stören? Könnte es sein, dass deine zarte Identität auf etwas stößt, was sie nicht verkraftet?« Mit solchen Appellen an die Schwäche sorgt man dafür, dass dieses Anstößige im öffentlichen Raum nicht mehr vorkommt – und zerstört ihn damit.

Wechseln wir den Blickwinkel, jetzt sind wir die Spaßverderber. Meine Nachbarn feiern laut, ich möchte schlafen. Ist es da für Sie nicht verständlich, dass ich versucht bin, mit dem Besen an die Decke zu klopfen?

Es gehört zum zivilisierten Umgang der Menschen, dass man sich absprechen kann. Hätte Sie der Nachbar informiert und vielleicht auch zu dem Fest eingeladen, so wäre der Besen wohl kein Thema. Man vergisst oft: Vieles ist verhandelbar, auch die Lautstärke der Musik. Nichts davon rechtfertigt irgendwelche totalen Verbote.

Schwieriger wird es, wenn ich am Rande eines Parks wohne und Jugendliche dort bis in den frühen Morgen feuchtfröhlich feiern. Darf ich dann nicht die Polizei anrufen?

Andere Menschen wohnen in der Nähe einer Fabrik oder in der Anflugschneise des Flughafens und werden auch nicht bei der Polizei anrufen, wenn in der Nacht ein Flugzeug über ihr Haus donnert. Es ist bezeichnend für unsere Gesellschaft, dass ausgerechnet die Situation des Feierns dem Generalverdacht unterliegt. Ich glaube, dass dies nicht ganz zufällig passiert.

Weshalb denn?

Man empfindet zunehmend Neid auf das Genießen des andern. Man hat immer mehr das Gefühl, wenn es jemandem gutgeht, dann genießt er sein Glück nur für sich, in seiner privaten Existenz, und tut es nicht in seiner öffentlichen Rolle, an der ich auch teilnehmen könnte. Wenn jemand offensiv fröhlich ist, so sehen wir in ihm einen Dieb, einen Genussdieb, der uns etwas wegnimmt. Und dann schreien wir nach Verboten.

Woher rührt dieses Neidgefühl?

Heute geht vergessen, dass Glück nur in seiner öffentlichen Dimension empfunden werden kann. Man ist in nur einer öffentlichen Rolle glücklich, nicht als isoliertes Individuum. Das gilt für die Höflichkeit genauso wie für das Rauchen oder die Sexualität. Wenn man das nicht mehr wahrhaben möchte, so kommt man in die Situation, dass man glaubt, Andere wären auf meine Kosten glücklich.

Man kann also nicht ganz alleine in einem Sessel ein gutes Buch lesen und dabei glücklich sein?

Doch. Auch das kann ein Glücksmoment sein. Man nimmt dabei aber wie in der Öffentlichkeit eine Rolle ein, nämlich jene des zufriedenen Buchlesers. Dabei spielt man sich selbst sowie einem unsichtbaren Beobachter Glück und Muße vor. Dieses Rollenspiel ist entscheidend für die Entstehung von wirklichem Glück. Und im umgekehrten Fall ebenso von wirklichem Unglück: Der französische Philosoph Alain sagt darum: Der Unhöfliche ist selbst dann noch unhöflich, wenn er alleine ist.

Mit dem Verbotswahn geht der Sicherheitswahn einher. Wenn man heute seine Kinder ohne Helm Rad fahren lässt, erntet man von andern Eltern böse Blicke. Beim Skifahren soll man den Kindern gar einen Rückenpanzer anziehen.

Die Kinder sind die Sollbruchstellen unseres vernünftigen Bewusstseins. Atheistische Eltern schicken ihre Kinder plötzlich in religiöse Schulen, rauchende Eltern sagen ihren Kindern, sie dürften nie rauchen. Das mag alles gute Gründe haben, ist aber gegenwärtig Ausdruck der Panik, die die heutige Gesellschaft kennzeichnet. Hierzu gehört auch der Nachhaltigkeitswahn, wir müssten die Welt um jeden Preis retten, damit die Kinder sie bewohnen können.

Allerdings ist die vor 20 oder 30 Jahren weitverbreitete Ansicht, man dürfe keine Kinder auf diese böse Welt setzen, heute verschwunden – trotz Atom- und Nachhaltigkeitspanik.

Stimmt. Heute kompensieren viele Eltern ihre Verantwortungslosigkeit, Kinder auf die Welt zu setzen, indem sie anderen Vorschriften machen wollen zur Erhaltung der Welt …

Maßlosigkeit gibt es ja heute durchaus, auch was den Konsum von Genussmitteln betrifft. Doch auch das kritisieren Sie in Ihrem Buch. Kann man es Ihnen nicht recht machen?

Sie meinen die im Buch beschriebenen Alkoholexzesse von Deutschen auf Mallorca. Ich glaube, dass unsere Kultur das Feiern insofern verlernt hat, als dass sie nicht mehr freudig feiern kann, sondern nur finster, in der Form des maßlosen Exzesses. Mir kommt das vor wie bei pubertären Kindern, die über die Alkoholreserven ihrer Eltern herfallen, sobald sie einen Abend alleine zu Hause sind. Es fehlt uns das vernünftige Verhältnis zu den Genussmitteln.

Was ist denn vernünftig? Sonst plädieren Sie ja auch dafür, unvernünftig zu sein.

Hinter diesen Komatrinkexzessen steckt etwas Wunschgerechtes: ein möglichst abstoßendes Bild des Feierns zu liefern. Mich besorgt weniger die Maßlosigkeit, als dass der Genuss damit diffamiert wird. Das ist typisch für eine prüde asketische Zeit. Der Genuss wird nur in einer abstoßenden Gestalt geduldet.

Wie ist das beim Sex? Stellen Sie hier auch diffamierende Elemente fest?

Sicherlich – denken Sie nur an den Porno-Pop oder den Exhibitionismus der Talkshows. Der Hintergrund dazu: Wir erleben eine Deinstitutionalisierung des erotischen Lebens. In den 1960er Jahren herrschte noch eine gewisse bürgerliche Doppelmoral. Man war verheiratet und hatte daneben vielleicht einen Liebhaber oder eine Geliebte. Heute, mit der sexuellen Befreiung, heiratet man oft nicht mehr, lebt dafür in einer innigen Zweierbeziehung, die aber alle Aufgaben übernehmen muss. Sie muss sicher und verlässlich sein wie früher die Ehe, andererseits muss sie erotisch aufregend sein wie früher die Liebhaber. Das führt dazu, dass Sextoys Eingang finden in diese informellen Formen der Liebe. Peitschen oder Handschellen passen aber nicht wirklich gut in einen profanen Beziehungsalltag. Die Ritualzusammenhänge, die mit solchen Utensilien korrespondieren, kann man da schlecht herstellen. Interessant dabei: Die Paare verstecken ihre Spielzeuge nicht, sie stellen ihre Dildos sogar in die Vitrine. Man präsentiert die Ausschweifung. In den 50er Jahren hätte man sie noch versteckt.

Das ist doch immerhin ehrlich.

Hinter der sichtbar gemachten sexuellen Aufgeschlossenheit verbirgt sich in der Regel ein dürftiges Sexualleben.

Wie kommen Sie darauf?

Das seltsame exhibitionistische Bedürfnis unterstreicht die Tatsache, dass es den Leuten nicht mehr gelingt, sozusagen sexuelle Höflichkeit zu praktizieren. Man sieht sich nur noch als Individuum, nicht mehr als Teil einer unsichtbaren Öffentlichkeit. Dieses Gefühl, Teil einer unsichtbaren Öffentlichkeit zu sein, ist aber unabdingbar für die Höflichkeit und das Glück. Wer diese Dimension verloren hat, verspürt im Gegenzug das symptomatische Bedürfnis, sein Intimleben öffentlich zu machen, sei dies mit dem Dildo in der Vitrine, mit Komasaufen im Stadtpark oder mit intimen Geständnissen in Talk- oder Realityshows.

Liegt die Ursache für die aufkommende Prüderie an der Lustfeindlichkeit des Protestantismus und seiner Arbeitsmoral?

Ich würde mit Max Weber argumentieren: Der Protestantismus ist ein Kulturphänomen, das nicht nur dort stattfindet, wo er seine religiöse Prägung hat. Es gibt heute einen säkularen Protestantismus, der gar nicht weiß, dass er einer ist.

Ist der Protestantismus jedoch für diese Entwicklung verantwortlich?

Ich sehe keine historische Kontinuität. Aber nach ’68 haben fast alle Bewegungen, die sich befreien oder emanzipieren wollten, eine Gedankenfigur aufgegriffen, die auch der Protestantismus pflegte: dass man sich dann befreit, wenn man ganz man selbst ist. Man strebt also nach Selbstverwirklichung, kämpft gegen Entfremdung, Frauen wollen keine Objekte sein, und so weiter. Diese verstärkte Ichbezogenheit in Verbindung mit einer entfesselten Ökonomie ergibt eine verheerende Konstellation, die nicht zu mehr Befreiung, sondern zu mehr Repression führt.

Die ganze Frauen- und Befreiungsbewegung hatte eine gegenteilige Wirkung?

Der Narzissmus ist eine typische Kinderkrankheit fast aller emanzipatorischen Bewegungen: dass man reflexartig glaubt, dass man frei ist, wenn man ganz man selbst ist. Auf diesem Weg verzichtet man unweigerlich auf jene materiellen, nicht ich-haften Teile von Welt, die man auch benötigt, um frei zu sein.

Zum Schluss, was raten Sie mir: Soll ich heute nach Feierabend ins Fitnessstudio oder mit Kollegen ein Bier trinken gehen?

Ich glaube, dass Sie Ihre Balance sehr gut selbst steuern können, dazu brauchen Sie keinen Rat vom Philosophen. Wenn ich Ihnen aber einen Rat geben soll: Sorgen Sie dafür, dass es in bestimmten Situationen noch öffentliche Imperative gibt – dass man sagt, »jetzt dürfen wir keine Spaßverderber sein«.

9. Über Materialismus, Einbildung und Narzissmus

Telepolis: In Ihrem Buch beschreiben Sie unsere Gesellschaft als zwanghaft asketisch, andere sprechen eher von einer hedonistischen Spaßgesellschaft. Wie gelangen Sie zu Ihrem Urteil?

Robert Pfaller: Ich glaube, dass unser Selbstverständnis da zutiefst trügerisch ist. Die Grundregel des Materialismus ist: Das Sein niemals mit seinem Selbstbewusstsein verwechseln, also nicht den Selbstverständnissen der Kultur zu folgen, die man analysiert. Ich glaube, dass unsere Kultur im Gegensatz zu ihrem hedonistischen Selbstbild zunehmend dazu tendiert, Lust durch Selbstachtung zu ersetzen. So kommt es dann auch dazu, dass Lust stark diffamiert ist, sie ist dann bloßer Spaß und so weiter, aber nicht mehr.

Das ist sozusagen die grundlegende metaphysische Operation, dass man nicht wie der Materialismus mit einer Welt operiert und in dieser Welt muss sich das Leben lohnen. Stattdessen schafft man zwei Welten; die Wahrheit gehört in eine ideale Welt, der Spaß ist hier, aber dann auch schon verblödet. Gegen diese Zweiteilung muss man sich wehren. In dieser Hinsicht sind die Anhänger der Spaßgesellschaft Komplizen der finstersten Metaphysiker, die sagen, die Wahrheit ist hier und der Spaß dann in der anderen Welt. Während eine materialistische Haltung von der Wahrheitsfähigkeit des Scherzes ausgeht.

Was ist mit der materialistischen Haltung genau gemeint?

Man muss den Materialismus vor allem als eine Art Ethik beschreiben, die danach fragt: Gibt es nun eigentlich noch ein gutes Leben vor dem Tod? So einfach diese Frage ist und so einfach auch die Antwort auf die Frage ist, wofür es sich zu leben lohnt, so selten ist es derzeit auch, sie zu stellen. Wir werden permanent abgelenkt mit pseudopolitischen Engagements, die uns relativ viel Selbstachtung verschaffen. Wir sehen ein, dass wir die Umwelt retten müssen, dass wir etwas für die Sicherheit tun müssen und fügen uns dann diesen Vernunftgeboten, aber es wäre ratsam, ein bisschen mehr Renitenz und eine Kultur des Zögerns zu praktizieren, die zuerst einmal auf den Tisch klopft und fragt: »Halt, wo bleibt mein gutes Leben?«

Wenn Sie von »wir« sprechen, wer ist dann hier das Subjekt?

Wir haben in den letzten 20 Jahren eine Verschlechterung von Lebensqualität in reichen westlichen Gesellschaften erlebt: Vor 20 Jahren konnte man noch deutlich freier studieren, die Universität war noch nicht solchen Ökonomisierungszwängen unterworfen, es wurde nicht laufend geprüft, die Studenten hatten auch mal die Gelegenheit, ein ganzes Buch zu lesen – heute schließen sie ganze Philosophiestudien ab, ohne je ein Buch ganz gelesen zu haben. Das gibt es in vielen anderen Bereichen ja auch. Man konnte am Abend den Fernseher einschalten und sich relativ sicher sein, irgendwo einen guten Film zu erwischen, heute ist das nahezu unmöglich. Es hat sich vieles verschlechtert, und vielen Menschen ist der Zugang zu elementaren Gütern, die nicht allzu kostspielig sind, relativ erschwert. Diese Beraubung war aber nur möglich, weil sie viele scheinbar emanzipatorische Erzählungen in Dienst nehmen konnte. Das Subjekt sind also alle, die Gefahr laufen, diese emanzipatorischen Erzählungen weiter zu propagieren und dadurch weiter diesen Beraubungen eine Stütze zu liefern.

Ihre Sicht erscheint sehr kulturpessimistisch. Es gab doch in diesem Zeitraum auch viele Fortschritte. Beispielsweise heißt es, dass der relative Wohlstand dank des Kapitalismus noch nie so groß war wie heute.

Angesichts der Steigerung an Produktivität, die wir erreicht haben, hat sich doch das allgemeine Leben erstaunlich verschlechtert. Wir haben einen Zuwachs an neuer Armut, Bildung wird prekär, Altersvorsorge wird schwierig, man fragt sich wirklich, welche Leistungsfähigkeit dieses System besitzt, wenn es solche Mängel aufweist.

Sie beschreiben unsere Gesellschaft als maßlos asketisch, doch auf der anderen Seite gilt gerade Epikur als jemand, der den Genuss propagiert. Wo bewegen Sie sich zwischen diesen beiden Polen Askese und Lebenslust?

Das vordringliche Problem ist zunächst gar nicht zu sagen, welches Maß an Lust man sich gönnen soll. Die entscheidende Aufgabe der Philosophie ist eher, die Einbildungen zu mäßigen. Ich glaube, unsere Lebenslust ist derzeit bedroht durch eine Organisationsform von Einbildung, die vielleicht sogar ein Kennzeichen unserer Epoche ist, nämlich eine Einbildung, die man als paranoisch bezeichnen muss. Menschen sind ständig in einer Art Alarmzustand, wo sie ohne jede mäßigende Relativierung bereit sind, sofort Einsatz zu leisten: Die Umwelt ist bedroht, wir essen sofort kein Fleisch mehr. Die Sicherheit ist bedroht, wir ziehen sofort die Hosen aus. Demgegenüber möchte ich versuchen, mildernde Einbildungen zu kultivieren.

Der Begriff Paranoia stammt ja aus dem psychologischen Vokabular, Sie bedienen sich in Ihrem Buch stark bei Freud und Lacan. Wie weit kann man solche individuell-psychologischen

Vorstellungen auf die Gesellschaft übertragen und welche anderen Aspekte spielen neben der Paranoia hier noch eine Rolle?

Für mich war Freud immer auch ein Philosoph, und ich sehe ihn in seinem Nachdenken über Einbildungen auch als einen würdigen Erben der antiken Philosophie. Oder auch der neuzeitlichen Philosophie, etwa von Spinoza oder Pascal, bei denen Einbildungen ebenfalls eine zentrale Rolle gespielt haben. Danach geriet das Thema seltsamerweise in der Philosophie für 150 Jahre in Vergessenheit und Freud ist deshalb möglicherweise ein besserer Erbe als manche Philosophen.

Sowohl bei Freud als auch bei Epikur werden Einbildungen immer in diesem doppelten Sinn verstanden: Es sind individuelle Ausprägungen, aber wir finden sie auch als kollektive Symptome vor. Freud hat in vielen Punkten seine Klinik, die auf individuelle Patienten bezogen war, überhaupt nur entwickeln können, indem er die gesellschaftlichen »Normalvorbilder« der individuellen Symptome in der Gesellschaft untersucht hat. In seiner Abhandlung »Zwangshandlungen und Religionsübungen« zum Beispiel untersucht er sozusagen die religiösen Rituale als Normalvorbilder der Zwangshandlungen der Neurotiker.

Das wichtigste Theorem, auf das ich mich hier stütze, wäre vielleicht der Begriff des Narzissmus, den die Psychoanalyse mit der Soziologie teilt – der Soziologe Richard Sennett hat 1974 in seinem Buch »Verfall des öffentlichen Lebens« schon vom Begriff des Narzissmus Gebrauch gemacht, in dem Sinn, dass die alte europäische Spaltung zwischen einer privaten Person und einer öffentlichen Rolle etwa seit den sechziger Jahren in Gefahr ist, zugunsten der privaten Person liquidiert zu werden. Das wäre auch insofern narzisstisch, indem wir angeleitet sind, ganz wir selbst, ganz authentisch zu sein, also nichts zu dulden, was nicht ich-konform ist. Psychoanalytisch kann man das noch dahingehend ergänzen, dass diesem Narzissmus immer ein Objektverlust entspricht. Wir verzichten dabei auf einen beträchtlichen Anteil des gesellschaftlichen Lebens, das notwendig ist, um dieses Glück zu ermöglichen. Bestimmtes Glück können wir überhaupt nur als gesellschaftliche Wesen empfinden und nicht als private Individuen.

Wie lässt sich nun nach Ihrer Vorstellung die kranke gesellschaftliche Seele therapieren?

Wir waren immer gewohnt, dezisionistische Entwicklungen als hierarchisch und despotisch anzusehen und alles, was Recht und Transparenz schafft, als emanzipatorische Fortschritte. Im Moment erleben wir aber das Gegenteil. Wir erleben einen Totalitarismus mit bürokratischen Normen, der alles, was der Gesellschaft an Entscheidungen nützen könnte, durch ausufernde Kontrollzwänge unterdrückt, und dem müssen wir entgegensteuern. Die EU-Staaten zum Beispiel hätten ihre Bildungssysteme sehr leicht vereinheitlichen können – durch den einfachen Beschluss, ihre bestehenden Universitätsabschlüsse wechselseitig anzuerkennen. Stattdessen haben sie unter dem Namen »Bologna-Reform« eine ungeheure Bürokratie installiert, um die Studiengänge einander anzugleichen, was überhaupt nicht funktioniert und erheblichen Schaden angerichtet hat.

Man muss hier zur Kenntnis nehmen, dass sogar wissenschaftliche Vernunft letztlich immer ein »Faktum« (Kant) ist, das nicht im Vorhinein legitimiert werden kann. Oder wie Spinoza schrieb: Die Idee geht notwendigerweise der Idee der Idee voran. Wenn man dieses Moment von nichtlegitimierbarer Entscheidung dem Zwang zur Legitimation unterwirft, dann zerstört man Realität durch ihre Aufzeichnung. Dieses

Ersetzen von Entscheidung durch bürokratische Scheintransparenz ist es, was man derzeit auch als »Gouvernementalität« bezeichnet, das typische Symptom »post-politischer« Verwaltungsgesellschaften.

Was dieses Ausufern bürokratischer Kontrolle verhindern kann, zumindest auf der Ebene der Einbildungen, durch die sie sich legitimieren, ist eine Figur, die ich bei Epikur gefunden habe: die der Verdoppelung. So wie Epikur sagt, damit die Mäßigung überhaupt eine Mäßigung ist, muss man sie maßvoll einsetzen, dasselbe kann man auch über die Vernunft sagen. Man muss auch auf vernünftige Weise vernünftig sein. Wenn man überall Transparenz walten lässt, macht man die Vernunft kaputt. Dasselbe gilt auch für das Leben. Von Juvenal stammt dieser schöne Vers: Betrachte es als die höchste Schande, das nackte Leben höher zu stellen als die Scham, und um des Lebens willen die Gründe für das Leben zu verlieren. In diesem Vers verdoppelt sich die Figur des Lebens. Juvenal sagt, wenn wir alles nur tun, um das nackte Leben zu retten, dann ist das Leben kein Leben mehr. Das heißt auch, lebendig sind wir nur dann, wenn wir auf lebendige Weise am Leben sind.

Kann man hier eine individualpsychologische Entwicklung auf anderen Ebenen wiederfinden, dass sozusagen nach 1968 irgendwann ein Zenit erreicht wurde und es danach wieder eine regressive Bewegung gab, man sich also wieder in das frühkindliche Stadium des Narzissmus zurückentwickelt hat?

Ich glaube, dass wir hier mit Überdeterminierungen rechnen müssen. Viele von diesen narzisstischen Kulturentwicklungen wären bei weitem nicht so fatal verlaufen, wenn das nicht von einer ökonomischen Entwicklung der Privatisierung öffentlicher Räume begleitet wäre. Nur in diesem Gemisch von sehr rechten und sehr hierarchischen Interessen und halbwegs linken Erzählungen kommt es zu diesen sehr fatalen Entwicklungen.

Wie kann man sich diesen Zusammenhang genau vorstellen?

Das typische Symptom neoliberaler Beraubung besteht darin, dass der öffentliche Raum nicht mehr als ein positiver Raum definiert wird, der den Individuen Ressourcen bereitstellt, über die sie alleine nicht verfügen. Der Staat und alles was zum öffentlichen Raum gehört, wird nicht mehr als ein Versorger und Ermöglicher gesehen, sondern ausschließlich als eine Verbotsinstanz. Dem entspricht eine Umkehrung des Appell-Typus gegenüber den Individuen. An sie wird von der Öffentlichkeit nicht mehr appelliert in einem Sinn, der ihnen etwas Neues ermöglicht. »Jetzt nimm dich mal zusammen und sei ein bisschen eleganter als sonst, denn jetzt bist du in der Öffentlichkeit« wäre in etwa die klassische Anrufung des italienischen Platzes in der Renaissance.

Heute hingegen dreht sich der Appell. Die Anrufung dreht sich dann um und ruft die Individuen nur noch als Privatpersonen an, nicht als öffentliche Rollen; nicht mehr als Citoyens, sondern nur noch als Bourgeois oder als »Idioten« im Sinn der griechischen Polis, die nur noch ihre Privatbelange pflegen. Wenn man als Privatperson angerufen wird, sagt der Staat dann nur noch »Kann es nicht sein, dass dich hier irgendwas stört?«, und dann gibt es natürlich ganz viele Leute, die etwas stört, das kann Rauchen sein, aber auch Kunst im öffentlichen Raum, da gibt's viele Möglichkeiten. Der Staat tritt dann nur noch als willfähriger Beseitiger öffentlicher Standards ein.

Das ist das Gefährliche, wo sich eine narzisstische Kulturentwicklung mit einem Repressivwerden des Staats paart. Der Staat sucht seine Legitimation für dieses destruktive, repressive Eingreifen immer im Rückhalt bei bestimmten Schwachen.

Da gibt es dann Schwache, die geschützt werden müssen vor dem Rauch; an den Universitäten gibt es schwache Bildungsferne, die geschützt werden müssen vor der Universität, deswegen muss man alles total verschulen. Das Narzisstische an diesem Bild des Schwachen, das der Reduktion auf den Idioten oder die private Identität entspricht, ist eben, dass der Schwache nichts hat, was ihn mit Welt befleckt. Er hat keine Macht, er hat keine Fähigkeit, sich selbst zu überschreiten, auch einmal Citoyen, auch mal vernünftiger oder eleganter zu sein, er ist einfach nur schwach. Und nur solange er ganz schwach ist, ist er auch ganz gut; daran sieht man auch, dass das reaktionär ist. Denn wenn er einmal stärker wird – »alle Räder stehen still, wenn unser starker Arm es will« – dann ist er schon schlecht. Deshalb muss man vor allem diese Kinderkrankheit bekämpfen, dass man Erzählungen im Namen des Schwachen für emanzipatorisch hält.

Das Beispiel »Rauchverbot« zieht sich ja durch Ihr aktuelles Buch und Sie fordern, allgemein gesagt, ein Leben mit dem Mut zum Risiko ein. Kann man das so knapp formulieren?

Ich rufe jetzt niemanden auf, Risikosportarten oder so etwas zu betreiben. Ich verstehe meinen Rat eher im Sinn des Epiktet, der sagt »Glaubt ihr, ihr müsst den Ozean austrinken?« Es ist ein Versuch, die Leute aus dieser Gesundheitspanik herauszureißen, mit der sie sich das Leben verderben. Man muss den Leuten einfach zurufen: »Ihr werdet sowieso alle sterben, in 100 Jahren seid ihr alle mausetot. Das Einzige, was ihr machen könnt, ist zuzusehen, dass ihr vorher noch ein bisschen Leben habt.«

10. Über Konflikt, Gesellschaft und Kunst

Rolf Bossart: Herr Pfaller, Sie beschäftigen sich immer wieder mit dem öffentlichen Raum und mit Tendenzen seiner Zerstörung. Sie haben in diesem Zusammenhang einmal gesagt, dass das Schreckgespenst des dominanten Diskurses nicht die Differenz ist, sondern der Konflikt. Das bedeutet, wenn ich das richtig verstehe, Differenz ist wohlgelitten, aber auf einen Konflikt darf es nicht hinauslaufen. Eigentlich eine paradoxe Situation für eine Demokratie, gerade in der Frage der Besitzverhältnisse oder in der Ausländerfrage. Wie aber könnte man mit den realen Konflikten in einer Demokratie verfahren, ohne sie zu verdrängen?

Robert Pfaller: Indem man sie zuerst mal wahrnimmt. Meistens geht es ja bei diesen Fragen um benennbare Sachen. Wenn eine diffuse Angst besteht, dass in einer Klasse mit 85 % fremdsprachigen Kindern die deutschsprachigen Kinder zu kurz kommen, dann kann man diese Angst nicht mit dem Hinweis auf die Akzeptanz des Andersseins wegmachen, sondern man muss sie als Indikator für einen realen Konflikt zunächst mal ernst nehmen und diesen zu benennen versuchen. Deshalb glaube ich, dass der Begriff des Konflikts dem der Differenz überlegen ist. Die Differenz verschleiert häufig die Sachen und tut so, als wären sie nur Konstruktionen, Einstellungssachen, die einem geschmacklichen oder geistigen Urteil unterworfen sind. Dabei geht es in diesem Beispiel zunächst darum, dass hier eine aufstrebende Klasse mit minderen Rechten im Konflikt steht mit einer etablierten Schicht, die Angst um ihre Position hat. Die Basis ist ein Klassenkonflikt und keine ethnische Differenz. Wenn man diese Konflikte ethnisiert, tut man nur, was die rivalisierenden Gruppen selber gerne tun: materielle Interessenkonflikte als solche des Andersseins auszugeben.

Eine paradoxe Situation. Können Sie die noch etwas weiter ausführen?

Zum Beispiel die Identitätspolitik, die ja immer bedeutet, man nimmt den Anderen als Privatperson wahr. Man homogenisiert eine Person und traut ihr nichts anderes zu. Unter dem Vorwand der Toleranz haben wir verlernt zu fordern, dass jeder, woher er immer kommt und wie er sich immer definiert, durchaus fähig ist, jenseits seiner sogenannten Identität Standards der Höflichkeit und anderes einzuhalten. Deswegen ist die Filmfigur Borat so komisch. Er spielt mit den Exzessen dieser falschen Toleranz. Die Leute, denen er begegnet, stellen sich vor, dass er, weil er aus Kasachstan kommt, keine Ahnung hat, wie man sich benimmt. Sie glauben, dass er nicht weiß, wie man eine Toilette benützt und seine Exkremente womöglich zu Tisch bringt, was der ihnen auch prompt vormacht. Und auch dann noch bringen sie dafür Verständnis auf. Niemand sagt: »Egal woher du kommst und was du gelernt hast, du wirst wissen, dass man in der Öffentlichkeit sich bemüht, darüber zu stehen.« Und das ist der radikalste Rassismus, der dem anderen gar nichts mehr zutraut und also ihn alles machen lässt. Genau darin würde ich die positive Funktion des Staates und der Öffentlichkeit sehen: als ein Terrain, das den Leuten erlaubt, ihre begrenzten Identitäten hinter sich zu lassen. Stattdessen haben wir einen Staat, der sagt: »Pflegt eure privaten Identitäten wie und wo ihr wollt, wir sorgen nur dafür, dass sich niemand daran stört.« Das führt zu einem völlig entleerten öffentlichen Raum.

Erlaubt ist, was nicht stört, hieß ein Slogan der Stadtverwaltung in Zürich. Was bedeutet nun dieser ramponierte öffentliche Raum für die Demokratie, die ja zwingend auf eine funktionierende und starke Öffentlichkeit angewiesen ist? Oder anders gefragt, wie inszeniert man Demokratie in diesen Zeiten?

Zumindest wäre ein Umdenken in unseren liberalen Schichten notwendig. Weil wir alle wie gesagt irgendwie daran glauben, dass wir uns befreien, wenn wir unsere öffentliche Rolle zerstören. Deshalb rücken wir auch immer alle unsere Identitäten in den Vordergrund. Dagegen sollten wir auf die Existenz einer positiven Öffentlichkeit hindrängen. Wir brauchen einen Staat, der öffentliche Räume sichert und als Verteidiger von Möglichkeiten auftritt und nicht als repressiver Verhinderer von Dingen, die Privatpersonen stören könnte. Das gilt zum Beispiel auch für die Ebene der Universitäten. Folgt man dieser Logik, tauchen im Moment offenbar überall sogenannte Bildungsferne aus allen Winkeln und Ecken auf. Die kommen an die Uni, und weil die so unwissend sind und sich hier nicht orientieren können, muss man die Universitäten zu ganz repressiven Zwangsapparaten machen, wo man die Studenten von Prüfung zu Prüfung hetzt. Und dann hat man 15 Prüfungen im Semester, in drei Jahren einen Bachelor in Philosophie, ohne je ein Buch ganz gelesen zu haben. Man ist dann sicher super vermittelbar, weil man am Arbeitsplatz auch zunehmend vor allem Gehorsam will. Auch hier wird im Namen einer völlig paranoischen Vorstellung von Schwäche ein sozialer Standard demontiert.

Was könnte man dagegen unternehmen?

Wo es möglich ist, Menschen Entscheidungsfähigkeit und Autonomie zuzusprechen, sollten wir es tun – im Wissen, dass diese Dinge vor allem durch Zuspruch und Erwartung erst erzeugt werden. Wenn ich die Studenten wie Kinder behandle, werden sie sich auch wie Kinder verhalten; wenn ich sie aber wie Erwachsene behandle, werden sie erwachsen sein oder es mit der Zeit sicher werden. Und das gilt für alle Ebenen, wo wir aufgefordert sind, etwas anderes zu werden als wir schon sind. Und wenn der Staat sich quasi nur noch darauf beschränkt, uns als das zu festigen, was wir sind oder uns wunschgerecht zurechtgelegt haben, dann haben wir bald keinen öffentlichen Raum mehr und keine Entwicklungsmöglichkeit.

Das wäre vielleicht auch eine Funktion der Kunst. Dinge vorzustellen, wie sie sein könnten, aber in Realität noch nicht so sind.

Ein typisches Beispiel einer fatalen Beschwerdekultur ist die Demontage einer Stahlplastik von Richard Serra in New York Ende der 80er Jahre auf eine Beschwerde von knapp 50 Bürgern. Obwohl sofort 150 Bürger sich für die Plastik eingesetzt hatten, wurde der Beschwerde stattgegeben. Das Verhältnis hat sich umgekehrt. Die Botschaft lautet nicht mehr, zeig dich in der Öffentlichkeit besser, als du bist, sondern: Du wirst geliebt, wenn du dich beschwerst. Ich glaube, dass dies auch im Feld der Kunst zu beobachten ist, insofern Projekte, bei denen das Publikum in irgendetwas Kreatives verwickelt wird, bessere Chancen haben, von der öffentlichen Hand gefördert zu werden, als zum Beispiel eine monumentale Stahlskulptur, die den Menschen zeigt, was innerhalb einer bestimmten abstrakten und reduzierten Kunst heute möglich ist. In der Konsequenz haben wir dann auf der einen Seite eine hochdotierte Starkunst in privaten Märkten und Galerien und eine partizipative Kleinkunst im öffentlichen Raum. Damit treibt man auch die Klassen weiter auseinander, weil für die ärmeren Leute nicht mehr im Vorbeigehen sichtbar ist, wie aktuelle Kunst heute aussehen könnte und womit die reicheren Leute sich von der Masse abheben wollen.

Wieso ist das problematisch?

So fehlt ein Wissen, worin der Reichtum der Reichen besteht. Ein Wissen, das ja immer nötig ist, um Gleiches zu fordern. Denn eine öffentliche Kunst, wie sie uns aus den 70er Jahren bekannt ist, die in ihrer Größe auch allen, die nie in ein Museum gehen, eine tolle Vorstellung geliefert hat, was in aktueller Kunst möglich ist, schafft auch immer die Möglichkeit, dass man über die herrschende Verteilung des Reichtums diskutieren kann. Der Betrachter kann sehen, dass das was Tolles ist und sich vorstellen, wie es wäre, so etwas, was die Reichen normalerweise zu Hause haben, auch bei sich zu haben. Damit war immerhin über die öffentliche Präsentation der Kunst eine Art kulturelle Konsistenz über die Klassengrenzen hinweg gewährleistet. Denn die Kunst, die die Reichen haben, ist nicht einfach die Kunst der Reichen, sondern spricht immer so etwas wie eine allgemeine, universale Sprache. Dieses Allgemeine wird heute jedoch schnell zum Vorrecht der Reichen, und die ärmeren Leute bleiben über die partizipative Kunst nur bei sich selbst. Eine demokratische Gesellschaft muss also sehr darauf bedacht sein, dass ihre Vorbilder, Symbole und Ikonen für alle zugänglich und sichtbar sind.

Das Große, das Großartige und Elegante, das Sie immer wieder thematisieren, wird gerade in demokratischen Gesellschaften nicht selten als etwas Elitäres abgelehnt. Wiederum wird gerade von kulturkonservativer Seite den Demokratien vorgeworfen, sie würden alles kleinmachen.

Ich würde dem entgegenhalten, dass es sehr wohl kulturelle Hegemonien in der Linken gegeben hat. Wenn man sich die Gestaltungen der 70er Jahre anschaut, die Architektur, das Design, dann hat man das Gefühl, dass das deswegen so eine Kraft, ja Wahrhaftigkeit hat, weil darin der Anspruch erhoben wurde, dass das Gestaltete als solches allen zugänglich ist und etwas verkörpert, was eine gemeinsame Utopie der ganzen Gesellschaft ist. Die Mercedesmodelle der 70er Jahre sind wunderbar transparent, leicht, von filigraner Eleganz. Sie zeigen das Ideal einer Gesellschaft, die genauso sein wollte. Nehmen wir als österreichisches Beispiel die TV-Sendung »Club 2«, wo der Minister neben einer Haushälterin sitzen konnte und die hat ihn fragen können, sagen Sie mal, warum verdient man so wenig und so. Darin zeigte sich die Auffassung, dass Transparenz und öffentlicher Zugang zum Allgemeinen allen in einer Gesellschaft nützt. Auch die Reichen hatten dieses Gefühl, dass sie von einer egalitäreren Verteilung des Reichtums profitieren können. Im Moment aber geben sich große Teile der Finanzeliten der Illusion hin, dass ihnen das Gegenteil mehr nützt. Obwohl natürlich alle Erfahrung dagegen spricht, weil die Reichen nur in eher egalitären Gesellschaften einigermaßen unbeschwert leben können.

Wenn wir bei den Reichen sind, so sind wir auch beim Neid, den man den Kritikern des Reichtums immer gerne unterstellt. Sie zeichnen in Ihrem neuen Buch »Wofür es sich zu leben lohnt. Elemente materialistischer Philosophie« den Neider ganz entgegen seinem materiellen Image als einen Idealisten, der für sich selber gar nichts will, sondern nur, dass der andere weniger hat. Dagegen plädieren Sie im Namen einer emanzipatorischen Haltung dafür, die Dinge für sich selber zu fordern und nicht sich gegen Güter der anderen zu wenden.

Meine Insistenz auf dem Materialismus beruht auch darauf, dass ich sehe, dass gewisse Leute sich einen Lustverzicht auferlegen und das Maß, das sie dadurch an Selbstachtung gewinnen, auch als Teil eines politischen Engagements ansehen. Aber aus so einer Haltung kommt kein echtes politisches Engagement. Ein solches entsteht nur, wo Leute sagen: Das und das wollen wir haben, das sind unsere Bedürfnisse. Die Politik im Allgemeinen reagiert ja heute ständig mit pseudopolitischen Interventionen. Dass wir verarmen, dass Leute an den Folgen von Armut sterben, spielt keine Rolle, dafür sind wir geschützt vor dem Rauch der anderen.

Oder in St. Gallen sagt man: Die Ausländer werden nicht eingebürgert und erhalten keine Bürgerrechte, dafür gibt es einen Partizipationsartikel, wo ihr eure Anliegen deponieren könnt …

Noch eine Ergänzung zur Genugtuung durch freiwilligen Lustverzicht, von der wir vorher gesprochen haben. Man kann sagen, die Askese macht auch die Massen reaktionär. In Österreich ist das regelmäßig aufgetreten. Immer wenn eine Regierung kam und drastische Sparpakete verkündete, wurde diese Regierung zum Liebling der Massen. Härte macht den Massen Eindruck. Sparen ist Populismus.

In ihrem Buch die »Illusionen der anderen« gibt es einen Abschnitt über das Mondäne der Stammeskulturen. Was ist damit gemeint?

Die Entwicklungen zur Intimität, die Sennett beschrieben hat, schreiten voran. Doch politikfähig sind wir nur als Public Man, und nicht, wenn wir als Privatpersonen auftreten. Von daher ist es schwierig, wenn linke Gruppen sich zu einseitig und emphatisch auf den Begriff der Gemeinschaft beschränken und man das Gefühl bekommt, dass die Vision einer befreiten Gesellschaft nicht viel über das Bild einer Gruppe von Freunden hinausgeht. Dass es in einer Gesellschaft auch Verkehrsformen braucht, die jenseits von Familie und Freundschaft funktionieren, bleibt auch in theoretischen Ansätzen wie zum Beispiel der »Multitude« bei Negri/Hardt unausgebildet. Die Frage der richtigen Organisationsform, eigentlich eine klassische Frage der Linken, wird derzeit leider zu wenig diskutiert. In dieser Hinsicht waren die Stammeskulturen weiter. Nehmen wir die Fähigkeit, Haltung zu bewahren in schwierigen Situationen, wie wir es gerade dieses Frühjahr nach dem Erdbeben bei vielen Japanern beobachten konnten. So etwas gelingt nur Gesellschaften, die sich außenbeobachtet fühlen. Außenbeobachtung ist deshalb so entscheidend für eine Gesellschaft, weil sie Verhältnisse trianguliert. Das heißt, erst wenn wir uns von einem fremden Dritten beobachtet fühlen, begegnen wir uns als Citoyen. Fällt dieser weg, hören wir auf, uns etwas vorzumachen, und beginnen, unsere schmutzigen Geheimnisse und Fehden voreinander auszubreiten. Und die Öffentlichkeit zerfällt.

11. Über Lust II

Kurier: Haben Sie in den letzten Tagen noch Lust auf Gurken oder Sprossen gehabt?

Robert Pfaller: Dass wir uns manchmal zu Recht vor etwas fürchten, heißt nicht, dass wir in vielen Fällen nicht verrückt und paranoisch sind und ein bisschen unerschrockener mit dem Leben umgehen könnten.

Schweinegrippe, EHEC, Atomkraft – die Lust an der Panik vor dem Untergang lassen wir uns nicht rauben.

Es gibt drei verschiedene Verhältnisse zur Einbildung: Am lustvollsten ist das dort, wo wir die wenigste Identifizierung zur Einbildung haben – etwa wenn wir uns im Fasching verkleiden und wissen, dass das Unsinn ist, aber daraus Freude beziehen. In einem nächsten Schritt tritt eine asketische Wendung ein: Wenn wir aus dem Wissen, dass etwas Blödsinn ist, die Konsequenz ziehen, dass wir es nicht machen, weil wir klüger sind als die anderen. Das ist zum Beispiel so beim Rauchen. Dabei übersehen wir, dass die anderen gerade aus diesem Wissen über die Unvernunft eine ganz bestimmte Lust beziehen. Aber aus der Einbildung, klüger und verantwortungsbewusst zu sein, erzielen wir Selbstachtung.

Das erklärt noch nicht die Lust an der Panik.

Das ist der nächste Schritt dieser Entwicklung: Das paranoische Bewusstsein, das völlig ergriffen ist von dem, was es sieht, beziehungsweise von der Einbildung. Da gibt es keine Distanz mehr, da schreit alles nach Sofortmaßnahmen.

Die Ratio müsste sagen: Autofahren ist hundertmal gefährlicher als Gemüse.

Richtig, aber da geht's nicht mehr um Vernunft, sondern nur um Ergriffenheit – eine Form des Narzissmus.

Die Ichbezogenheit, dass uns nichts, aber auch gar nichts passieren darf?

In westlichen Gesellschaften gab es nach 1968 die Befreiung nach dem Motto »Glaub' nur das, was du selbst richtig findest«. Das führt dazu, dass niemand mehr etwas relativieren kann. Da steht mir plötzlich etwas Bedrohliches gegenüber, da kommt eine Panik, und man identifiziert sich mit dieser Einbildung.

Das war früher nicht so?

Im Drama »Athalie« von Jean Racine beteiligt sich der Hohepriester Joad an einer Verschwörung und hat keine Angst vor den Folgen, denn, so sagt er, »ich fürchte Gott, und der ist so schrecklich, dass mir alle Gefahren des irdischen Lebens gering scheinen«. Und Kommunisten im 20. Jahrhundert, die sich in Todesgefahr begaben, haben sich vorgestellt, dass sie »Tote auf Urlaub sind«, weil sie ja eigentlich schon tot sind. Wir in der Postmoderne haben dagegen das Gefühl, eigentlich könnten wir ewig leben, wenn man uns nur ließe, und wenn wir nur sauber lebten. Dass wir dabei das Leben schon vor dem Tod töten, weil wir ganz aseptisch, lustlos, humorlos, postsexuell leben, das vergessen wir dabei. Lieber sind wir

Angsthasen, die schon beim Anblick einer Zigarette einen tödlichen Schrecken bekommen.

Sie schreiben zur unterdrückten Lust: »Gelüste werden zunehmend als Ärgernisse wahrgenommen« – woran machen Sie das fest?

Es hat noch nie ein Zeitalter gegeben, wo sich so viele Menschen über alles beschwert haben und sich von allem irritiert gefühlt haben. Menschen fühlen sich ständig belästigt, sexuell, durch Rauch, durch das Braten von Hammeln am Spieß, durch fremdländische Menschen.

Woran liegt das?

Der Ärger kommt immer dort, wo man den Genuss anderer vermutet.

Purer Neid?

Neid auf die Lust des anderen. Die Lust ist in eine völlig veränderte Wahrnehmung geraten. Früher wurde die Lust noch als ein Teil der Zivilisiertheit verstanden – Fröhlichkeit und Frohsein konnten sogar so etwas wie Höflichkeit sein, um dem anderen die Tristesse zu ersparen …

Wie in Fernost heute noch.

Genau, oder wie in Italien als Erbe der Renaissance. Aber in der postmodernen Wahrnehmung wird das nicht mehr als Signal verstanden, sich auch besser zu fühlen, sondern man glaubt, der andere ist tatsächlich so glücklich und freundlich – und weil er's ist, kann ich's nicht sein.

Sie sagen, die neoliberale Kultur ist von Lustvermeidung und Askese geprägt. Aber wir reisen so viel wie nie, wir leisten uns so viel wie nie, wo ist da die Askese?

Ich meine die neoliberale Zerstörung öffentlicher Räume. Immer weniger Menschen können sich an den großen gesellschaftspolitischen Fragen beteiligen, und sei es durch Zuschauen bei gescheiten Fernsehdiskussionen, denn von denen gibt es immer weniger – stattdessen hüpfen Menschen im Pyjama herum und präsentieren ihre Marotten. Und der Staat bietet keinen Ersatz für die verlorene Öffentlichkeit, sondern spielt immer mehr die Rolle einer Verbotsinstanz, die nur repressiv, aber nicht fördernd eingreift. Wie beim Rauchen.

Schon wieder Rauchen.

Tabakkultur ist ja nicht nur die Anhänglichkeit an bestimmte Drogen, sondern auch Teil einer bürgerlichen Öffentlichkeit, die 1848 in Europa blutig erkämpft wurde, dass man nämlich im Kaffeehaus Tabak raucht und freie Gedanken austauschen kann. Wenn es dann einen Staat gibt, der insinuiert: Wenn es dich stört, dass da geraucht wird, dann verbieten wir es natürlich, dann tut der Staat so, als ob er Schwache schützen würde, und zerstört ein Forum von Öffentlichkeit und Kultur.

Lust geht nur in der Öffentlichkeit?

Man glaubt immer, die Menschen wären spontane Hedonisten, die nach jeder Gelegenheit der Lust schnappen. Aber das ist nicht wahr. Die Menschen sind eigentlich sehr gehemmt – Sex, Rauchen, Alkohol, Geselligkeit, Feiern, Müßiggang, freies Denken, das ist alles mit einem bestimmten Unbehagen verknüpft. Und wenn's nicht eine Geselligkeit gibt, die sagt: »Komm, jetzt sei kein Spaßverderber, trink auch ein Glas

Sekt, die Kollegin hat Geburtstag«, dann stehen wir oft ratlos diesen Genüssen gegenüber. Es gibt derzeit eine Erosion jener Geselligkeit, die notwendig wäre, damit Individuen zu ihrer Lust finden können. Die Genussfähigkeit kommt uns, trotz immer größerer Angebote in der Werbung, abhanden.

Wieso lässt sich eine Gesellschaft, die sich selbst als liberal und offen definiert, so gängeln?

Das ist eine ganz entscheidende Frage. Ich kann mir vorstellen, dass künftige Generationen, in etwa 50 Jahren, lachend die Köpfe schütteln und fragen, »wieso haben die sich das gefallen lassen, wieso haben die solche Angst vor dem Leben gehabt«?

Wenn alle nur sie selbst sein wollen, ist das Unterwerfen unter so viele Regulative ja ein Widerspruch.

Da haben Sie recht. Allerdings treten die Verbote ja nicht als Verbote auf, sondern die Regierungen verkaufen alle repressiven Maßnahmen ja immer als Schutzmaßnahmen, oft im Namen fiktiver Schwacher. Aber statt dort zu schützen, wo es notwendig ist, im Bereich der sozial Schwachen, der Prekariatsarbeit et cetera, wird der Schutz umgeleitet auf etwas, wo man den Leuten noch was wegnimmt, statt ihnen etwas zu geben.

Im Erdulden des Regulativs hat man das Gefühl, etwas Gutes zu tun?

Richtig, und man hat noch dazu das Gefühl, beschützt und befreit zu werden.

Aber Gutes zu tun ist ja hochanständig.

Politisches Engagement unterscheidet sich von pseudopolitischem Engagement dadurch, dass es von eigenen Bedürfnissen aus artikuliert wird und nicht von etwas, mit dem man versucht, Selbstachtung zu gewinnen – à la »ich esse kein Schnitzel, damit der Hunger in der Welt gelindert wird«. Aber Menschen sind, was das scheinbar Gute betrifft, unglaublich verführbar. Anstatt zu sagen: »Ihr sorgt euch um unsere Lungen? – Sorgt euch lieber um unsere Sozialversicherung!«

Sagen Sie, rauchen Sie eigentlich so viel?

Ich sollte gar nicht, wegen eines Nebenhöhlenproblems, und bin Gelegenheitsraucher zu sehr feierlichen Anlässen. Aber seine Positionen sollte man sich nicht von seinen Wehwehchen diktieren lassen.

Was ist denn Lust eigentlich?

Einerseits alles, was mit unserer Tiernatur zusammenhängt: Wir wollen, dass es windstill ist und dass es angenehm warm ist und dass wir Nahrung haben, dann sind wir zufrieden. Und dann gibt es die kulturelle Lust, die immer um etwas gebaut ist, das uns eigentlich nicht zuträglich ist – und da sind wir zu den wirklichen Triumphen fähig.

Beispiel?

Das geht vom Glas Bier bis zur Selbstüberwindung beim Marathon, der für andere eine Qual wäre.

Die Grenzen der Lust steckt die Moral?

Na ja, Moral ist ja nicht nur eine verbietende, sondern auch eine gebietende Instanz. Die Moral verbietet ja nicht nur den Seitensprung, sondern gebietet die ehelichen Pflichten. Gleichzeitig sind die strengen Verbote manchmal Gebote, genau das Verbotene zu tun – etwa das Verbot des Tötens in der Religion, das das Töten der Ungläubigen im Namen der Religion gebietet.

Der Lust grenzenlos zu folgen würde ins Chaos führen?

Da braucht man keine Angst zu haben, das tun die Menschen schon nicht. Da ist die Angst zu groß. Die Einzigen, die der Lust scheinbar grenzenlos zu folgen vermögen, sind Süchtige, die sich aber damit auch gleich wieder selbst bestrafen. Weil sie sich selbst die Lust nicht gönnen, benützen sie zum Beispiel den Alkohol nicht nur, um sich zu belohnen, sondern auch, um sich selbst zu schädigen und ihr schlechtes Gewissen zu betäuben. Wer sich selbst hingegen die Lust vergönnt, kann auch früher wieder zu trinken aufhören.

Strauss-Kahn und Schwarzenegger bestraften sich mit ihrer zügellosen Lust selbst?

Na ja. Zunächst ist es vielleicht bezeichnend für unsere Kultur, dass uns beim Nachdenken über die Lust mit solcher Selbstverständlichkeit immer gleich jene Beispiele einfallen, die geeignet scheinen, die Lust in ein schlechtes Licht zu rücken. Was den strafrechtlichen Aspekt am Fall Strauss-Kahn betrifft, wissen wir alle zu wenig. Wir sollten darum nicht der medialen Verlockung folgen, dazu sofort eine feste Meinung zu haben und zu äußern. Der Fall hat aber auch noch einen politischen Aspekt. Denn ohne dass eine Schuld Strauss-Kahns erwiesen wäre, wurde er bereits politisch vollkommen ruiniert. Das muss allen zu denken geben – sogar denen, die von seiner Schuld überzeugt sind. Denn dieser Mechanismus kann auch andere Leute treffen. Dank der Sexualfeindlichkeit der westlichen Welt, die nahezu in jedem Sexualakt schon eine Vergewaltigung und in allen übrigen ebenfalls etwas Verachtenswertes erblickt, ist hier eine perfekte Möglichkeit entstanden, Leute auszuschalten.

Und die steirische Eiche?

Was Schwarzenegger betrifft, scheint mir, dass dergleichen wohl in den meisten der besten Familien geschieht – nur dass man es früher geschickter verborgen gehalten hätte. Beide Fälle sagen wenig über die betroffenen Personen aus und viel über die Gegenwartskultur: Der Fall Strauss-Kahn verweist, wie Cathérine Millet richtig betont hat, auf einen Mangel an Besonnenheit im Umgang mit solchen Dingen, der von Schwarzenegger auf einen Mangel an Stil in der Öffentlichkeit.

Apropos Gegenwartskultur: Wir schauen Kochshows, die wir nie nachkochen, und Sitcoms, in denen für uns fremdgelacht wird – delegieren wir zunehmend das Genießen?

Die Lust, nach der wir uns sehnen, malen wir uns nur noch als Extrem aus. Wir haben Sehnsucht nach Sex, und dann schauen wir Talkshows, wo Menschen sich als nekrophil outen oder SM mit der eigenen Mutter machen – das finden wir sehr aufregend, aber wir putzen uns an denen ab, die diese Geständnisse machen, und sind froh, dass das nicht wir sind.

Also sind wir alle jetzt eher unlustig?

Die Lust ist immer da, nur nicht immer in der lustvollen Form, sagten Freud und Epikur. Und wenn wir nicht wissen, dass sie da ist, erfahren wir sie als Unlust.

Und beziehen unsere Lust aus unserer Ernsthaftigkeit.

Ja, aus der Lustaskese. Wir benehmen uns wie altkluge Kinder, die sich wundern, wenn die Eltern einmal scherzen oder enthemmt sind.

Na sehr lustig. Vielen Dank für das Gespräch.

12. Über Kunstskandale

Rolf Bossart: Herr Pfaller, ich würde gerne mit Ihnen ein Gespräch über Kunst, Politik und Öffentlichkeit führen, anlässlich der Aktionswochen »City of Change«, deren Gast Sie ja am Freitag, 3. Juni in der Lokremise sein werden. Aber lassen Sie mich zuerst die Vorgeschichte des Projekts kurz zusammenfassen:

> *Ein allseits beliebter und engagierter Reallehrer wird vom Vater einer Schülerin im Schulhaus erschossen. Der Mörder flieht in seine Heimat nach Kosova, wo er gefasst und wegen Totschlags verurteilt wird. Als Tatmotiv gibt er an, der Lehrer hätte die Familienehre beschmutzt, indem er einen Verdacht auf sexuellen Missbrauch in der Familie geäußert hätte. Der Täter kommt bald wieder frei. Ein zweiter Prozess durch ein serbisches Gericht bringt eine Verurteilung wegen Totschlags. Nach abgesessener Strafe macht der Täter erneut mit diversen Medienmeldungen auf sich aufmerksam. Die Schweiz stellt ein Auslieferungsbegehren, um ihm noch einmal den Prozess zu machen, unter anderem auch in Sachen sexuellem Missbrauch. Der Fall bleibt während zehn Jahren ein Dauerbrenner in den Schweizer Medien. Nicht nur die Zeitungen, auch das Fernsehen berichtet mehrmals darüber. Auch einige der involvierten St. Galler und St. Gallerinnen werden immer wieder zum Fall befragt und geben Auskunft. Viele Diskussionen um die sogenannte Gewaltbereitschaft und die Integration von Albanern oder allgemein von Ausländern werden fast automatisch mit dem Fall verknüpft. Der »St. Galler Lehrermord«, wie er inzwischen überall*

genannt wird, ist gewissermaßen ins kollektive Unterbewusste der St. Galler Bevölkerung eingebrannt. Diese notorische Präsenz und Unabgeschlossenheit des Falles auf der einen Seite und die dauernde Verknüpfung mit Fragen der Integration und der Stimmung gegenüber Ausländern andererseits bewegen das International Institute of Political Murder unter der Leitung von Milo Rau dazu, die Integrations-Thematik und deren Verknüpfung mit dem Lehrer-Mord im Theater zur öffentlichen Disposition zu stellen. In der Pressemeldung wird eine »theatrale Ausstellung« angekündigt. Beabsichtigt ist, den Diskurs übers Zusammenleben in der Stadt im Kontext dieses schrecklichen Ereignisses und dessen traumatischen Folgen zu analysieren und möglicherweise zu entwirren. Dazu kommt es nicht. In einer rasanten und nicht mehr zu kontrollierenden Empörungswelle wird das Vorhaben durch Leser- und Drohbriefe, Droh-Mails und verschiedene Aufrufe von Gruppen, Parteien und Privaten bereits eine Woche nach Ankündigung von der Theaterleitung gestoppt. Verstärkend wirkt sich sicher auch die Überschrift auf der Titelseite des St. Galler Tagblatts aus, wo die »theatrale Ausstellung« kurzerhand zu: »Lehrermord wird Bühnenstück« aufpoliert wird.

Herr Pfaller, Sie haben sich in Ihrem Werk immer wieder mit den Motiven für schwer nachvollziehbare, mitunter auch irrationale Handlungen auseinandergesetzt. Wie erklären Sie sich eine derartige Reaktion vieler Leute im Fall dieses Theaterskandals?

Robert Pfaller: Auf der ersten Ebene fällt mir dazu ein ähnlicher Fall aus den USA ein. Die Medientheoretikerin Jennifer Friedlander hat mehrere Kunstskandale dieser Art untersucht. Beim einen Fall ging es um eine Kindsentführung durch Jugendliche mit anschließendem Mord, die mit Hilfe einer Überwachungskamera geklärt werden konnte. Das betreffende Täterfoto ist damals tausendfach um die halbe Welt gegangen, und der Künstler Jamie Wagg hat dieses Foto noch einmal für eine künstlerische Arbeit verwendet. Es ist auffällig, dass niemand Anstoß daran genommen hat, als dieses Foto in den Zeitungen veröffentlicht wurde. Erst zu dem Zeitpunkt, wo es auf der Ebene der Kunst auftauchte, hat das eine massenhafte Empörung hervorgerufen.

Die Parallele passt verblüffend. Studenten der Uni St. Gallen haben im St. Galler Tagblatt die Artikel gezählt, die sich in den letzten zehn Jahren mit dem Lehrermord befassten. Sie kamen auf einen Durchschnitt von ein bis zwei Artikeln die Woche. Nie hat sich jemand darüber aufgeregt.

Ich glaube, dass in diesen Fällen die Kunst selbst als ein Medium gesehen wird, das zu Unrecht versucht, sich mit solchen Dingen zu befassen. Man sieht die Kunst nicht als ein Terrain, auf dem man eine Auseinandersetzung führen, Trauerarbeit leisten oder Faszinationsmomente bearbeiten kann. Man müsste aber die Gegner dieses Theaterprojekts fragen, ob es ihnen denn lieber wäre, wenn die Kunst solche Sachen ignorierte. Soll die Kunst nur von unverbindlichen Themen handeln, die lange vergessen oder weit weg sind?

In den Leser- und Drohbriefen sind es vor allem zwei Positionen, die immer wiederholt werden. Zum einen die Identifikation mit der Witwe des Lehrers, der man so etwas nicht zumuten will, und zum anderen der Vorwurf an den Künstler, er wolle sich mit dem Leid anderer ins Rampenlicht setzen. Sie haben in Ihrem Buch »Das schmutzige Heilige und die reine Vernunft« darauf hingewiesen, dass die einzige Figur, die in einer narzisstischen Gesellschaft einen positiven Status hat, das erniedrigte und wehrlose Opfer ist. Weil nur von ihm niemand sich in seiner Position bedroht fühlen muss. Könnte auch hier so etwas Ähnliches vorliegen?

Der Eindruck besteht. Wir haben im Moment oft die Situation, wo unter Rücksichtnahme auf ein betroffenes Opfer verhindert wird, dass etwas zum Gegenstand einer öffentlichen Auseinandersetzung wird. Ich glaube, dass dies die postmoderne Konstellation ist im Kampf um Öffentlichkeit: Gesellschaftliche Standards werden unter Berufung auf vermeintliche Opfer liquidiert. Dabei muss man übrigens auch sehr achtgeben, was man da eigentlich den Opfern antut, ob nicht diese Empfindsamkeit und diese seltsame Empathie ihnen gegenüber der schlimmere Gewaltakt sind als das, was man ihnen ersparen möchte.

Inwiefern?

Ein typisches Beispiel ist das Verbot, über irgendwen böse Witze zu machen. Vor allem die Schwachen sollen davor geschützt werden. Aber was macht uns so sicher, dass die Schwachen so schwach sind, dass sie nicht fähig wären, den Witzen der anderen ihrerseits mit vielleicht noch schmutzigeren Witzen über die anderen zu antworten? Werden sie nicht erst durch diese Unterstellung so schwach und verletzbar? Eine Politik, die öffentlichen Verkehr im Namen der Schwachen verhindert, macht diese noch schwächer und legt sie darauf fest. Sie dürfen dann gar nicht Stärke zeigen, weil sie sonst Gefahr laufen, das »Privileg« ihrer Schwäche zu verlieren. Dagegen würde ich festhalten, dass keine emanzipatorische Bewegung auf die Schwächen der Schwachen setzt, sondern darauf, dass sie stärker werden. Befreit sind wir nicht, wenn wir alle schwach sind, sondern wenn wir alle stark sind.

Dass der ganze Theaterskandal auch ein gigantisches Missverständnis war, konnte man daran sehen, dass alle ein Theaterstück ablehnten, das gar nie geplant oder angekündigt war. Gesetzt aber den Fall, man hätte dieses von den Leserbriefschreibern imaginierte Stück tatsächlich vorgehabt. Was wäre denn daran so schlimm gewesen?

Da fragen Sie in mir den Falschen, glaub ich. Wilhelm Tell zum Beispiel ist ja auch die Inszenierung eines Mordes. Vielleicht zeigt sich darin ein Bild von Kunst, das ihr gerne zubilligt, Denkmäler zu setzen, aber nicht beispielsweise Schrecken zu bannen. Wir hatten aber immer auch eine solche Kunst. Die Fratzen an den Außenwänden der Kathedralen hatten den Zweck, dass man dem Schrecken, um ihn zu stoppen, ins Auge sehen kann oder sehen muss. Diese abwendende, »apotropäische« Funktion der Kunst stößt immer wieder auf Misstrauen und wird allzu oft missverstanden als eine, die dem Schrecken ein Denkmal bauen will.

Und daher wohl auch die Unterstellung, der Künstler hätte seine Lust daran.

Oder auch einfach die Lust am Spektakel. Man kann dabei an Sigmund Freud denken, der in seinem Buch »Totem und Tabu« den Empörungsmechanismus bei einem Tabubruch beschreibt. Geschieht ein solcher, kann die heftige Abwehr der einen als Versuch identifiziert werden, die eigene Lust, etwas Ähnliches zu tun, zu leugnen und abzuschütteln. Diese Versuchung kann nur mit einer Zwangshandlung abgewehrt werden, die einerseits etwas gegen das Phänomen tut und andererseits genau dieses Phänomen zum Durchbruch bringt – etwa, indem man einen Mörder ermordet oder indem man einen Homosexuellen homosexuell vergewaltigt. Ich würde also vermuten, dass die Leute, die dem Theater vorwerfen, ein

Spektakel zu machen, gerade durch die Art und Weise ihres Widerstands selber eines erzeugen.

Das könnte auch erklären, weshalb man versucht hat, die befürchtete lustvolle Beschäftigung mit einem Mord durch eine Morddrohung zu verhindern. Das St. Galler Tagblatt hob bereits am dritten Tag nach der Ankündigung den Mahnfinger mit dem Titel »Kultur darf nicht alles« und meinte wohl die Kunst. Inwiefern stand hier tatsächlich die Freiheit der Kunst auf dem Prüfstand?

So aus der Ferne kann ich das real nicht beurteilen. Aber mich würde interessieren, ob es denn nicht auch den Teil in der Öffentlichkeit gab, der sagte, das ist zwar ein heikles Thema, aber doch wichtig genug, um gerade die Schwierigkeiten im Integrationsdiskurs öffentlich zu machen?

Einige wenige im privaten Rahmen oder auch mal ein Interventionsversuch hinter den Kulissen. Öffentlich aber geschah praktisch nichts in die Richtung.

Schlingensief hätte wahrscheinlich daraufhin versucht, eine Volksabstimmung zu machen. Welche Themen darf die Kunst im Kanton in Zukunft behandeln? Und man hätte ankreuzen können: a) sexueller Missbrauch, b) politische Intrige usw.

Es gibt bei Ihnen den Satz: »Das Feld der Ideologie, auf dem die Kunst agiert, ist nicht durch Ideen, sondern durch Identifizierung bestimmt.« Können Sie dazu ein Beispiel geben? Was für eine Art Identifizierung ist hier gemeint?

Ganz allgemein ist es wichtig, Ideologie nicht zu begreifen als die Gesamtheit der Vorstellungen und Ideen, mit denen wir die Welt betrachten, sondern eher als das System von Selbstverständlichkeiten, die unsere Haltung bestimmen und unser Selbst- und Wunschbild, wie wir uns in der Welt gerne sehen. Deshalb muss man Ideologie nicht sosehr begreifen als Weltanschauung, sondern eher als ein wunschgerechtes Selbstbild, als eine von Wünschen und Alltagshandlungen durchzogene Selbstverständlichkeit. Ein Beispiel ist die Sarrazin-Debatte in Deutschland, bei der ich mich immer gefragt habe, ob das wirklich die größte Sorge ist, die Türken könnten so dumm sein. Oder ob das nicht viel eher eine Wunschbefürchtung ist, die anstelle der umgekehrten realen Befürchtung, die Türken könnten nicht so dumm sein und den gesellschaftlichen Aufstieg schaffen, gesetzt wird. Bezogen auf den Theaterskandal und die Identifizierung heißt das: Immer wenn Leute aktiv werden und sich so vehement zu einer Sache äußern, dann liegt dem eine Identifizierung zugrunde. Alles, was uns zum Handeln treibt, sind Identifizierungen. Oder anders gesagt, es sind jene wunschgerechten Vorstellungen über die Welt, in denen wir selbst wunschgerecht vorkommen.

Könnte man hier auch Ihren Begriff der paranoischen Einstellung gebrauchen? Ist es das, was sich im Leserbriefschreiber äußert?

Der Leserbriefschreiber oder Blogger tritt in solchen Fällen oft mit einem Handlungszwang auf. Die Vorstellung des vollkommen hilflosen Opfers in Gefahr aktiviert seine paranoische Vernunft, die auch eine Leitidee postmoderner Politik ist. Und als Folge davon wird meist irgendein unbedingtes Verbot oder ein Verzicht auf etwas gefordert, das Lebensqualität ausmacht. Die Situation in St. Gallen würde ja sicher die Möglichkeit bieten, relativierend und abwägend über solche Dinge nachzudenken. In dem Moment aber, wo eine absolut dringliche Gefahr beschworen wird, ist dies nicht mehr möglich oder auch nicht mehr nötig, denn damit leistet man auch der eigenen Denkbequemlichkeit einen Dienst.

13. Über Treue

Neon: Warum sind Menschen untreu?

Robert Pfaller: Warum denn nicht? Warum sollte man nicht einmal einen anderen Menschen begehren? Dafür kann es viele Gründe geben. Manche Menschen suchen in der Affäre nach der besseren Ehe. Andere Leute hingegen leben in ihren Affären etwas anderes aus als in der Ehe oder in der Zweierbeziehung. Wie Milan Kundera einmal bemerkt, werden in manchen Affären ganz andere, spielerische oder perverse Formen der Sexualität praktiziert.

Aber gibt es nicht viel bessere Gründe, treu zu bleiben statt zu betrügen?

Wir sollten uns klarmachen, dass es in der Geschichte ganz unterschiedliche Definitionen von Betrug gab und sich derzeit eine besonders strikte Auffassung durchsetzt. Eine österreichische Präsidentengattin der alten Schule erklärte noch vor wenigen Jahren auf die Frage von Journalisten, ob sie denn nicht bemerkt habe, dass ihre Ehe seit langem kaputt gewesen sei: Solange ihr Mann Weihnachten und Ostern nach Hause komme und zweimal im Jahr mit der Familie auf Urlaub fahre, sei ihre Ehe für sie in Ordnung.

Die Arme!

Warum? Wenn es früher mit den inneren Gefühlen, vielleicht nur für eine gewisse Zeit, schwierig wurde, dann wahrte man wenigstens die äußere Form. So hatte die Liebe ein Stand- und ein Spielbein. Generell sind solche äußeren Formen aus der Mode geraten, wir wollen ja auch nicht mehr höflich oder galant sein, sondern immer authentisch. Das Beziehungsleben hat sich seit 1968 entformalisiert und intimisiert. Gleichzeitig verkümmert unser Vorstellungsvermögen. Liebe können wir uns nur noch in Verbindung mit der gemeinsamen Haushaltsgründung denken, dabei gab es doch auch einmal ganz andere Formen, die Geliebte etwa oder den Komplizen.

Aber von dieser Freiheit haben doch nur Männer profitiert.

Für die Frauen ist aber nichts gewonnen, wenn sie im Zuge der Emanzipation ihre eigene Unfreiheit auf die Männer ausweiten. Das meiste, was wir derzeit für Befreiungen oder Fortschritte halten, besteht in Wahrheit darin, dass wir die armseligen Standards der bisher Unterdrückten zur Norm für alle machen. Ich bezeichne das als »Beuteverzicht«. Jeder wirkliche Sieg bestünde hingegen darin, dass die Beute, die bisher die Sieger in Händen hielten, nun allen zugänglich gemacht wird. Friedrich Engels hat das sehr schön gezeigt: Die siegreiche französische Bourgeoisie hat über den Adel gesiegt und es im 19. Jahrhundert verstanden, sich die höflichen Umgangsformen, die Kochkunst und die erotischen Eskapaden des Adels anzueignen. Darum feiert der französische Roman den Ehebruch. Die deutsche Bourgeoisie hingegen, die den Adel nicht besiegen konnte, begann, Authentizität zu propagieren und Höflichkeit zu diffamieren; Kochkunst blieb ihr fremd, und der deutsche Roman feiert die Ehe.

Aber Ehebruch schmerzt nun mal mehr als Ehe.

Warum man geliebten anderen den Sex mit Dritten eher übelnimmt als zum Beispiel ein langes philosophisches Gespräch oder guten gemeinsamen Sport, vermag ich nicht zu sagen.

Ich weiß nicht einmal, ob sich darin eine besondere Wertschätzung oder aber eine besondere Geringschätzung der Sexualität ausdrückt. Vermutlich aber ist das Entscheidende dabei nicht der Sex, sondern die Verbindung zwischen Sex und Liebe. Wenn man selbst den Sex als Fortsetzung der Liebe mit anderen Mitteln betrachtet, dann ist man böse, wenn andere Personen den Sex gleichsam billiger, auch ohne Liebe bekommen.

Es gibt doch nun einmal die Eifersucht!

Vielleicht sollte man sich fragen, ob es einem eigentlich wichtiger ist, wie der andere sich zu Dritten verhält, oder aber wie er sich zu einem selbst verhält. Ich habe doch nichts davon, wenn die geliebte Person sich ihren Appetit versagt und dann zu mir grantig ist. Da ist es besser, sie erlebt etwas Aufregendes und ist dann glücklich und auch mir gegenüber wieder entspannt und liebevoll – wenn nicht vielleicht sogar durch die neuen Erfahrungen kenntnisreicher und interessanter. Ich persönlich jedenfalls habe gegenüber den unbekannten Lehrmeistern und Lehrmeisterinnen meiner Geliebten immer eine gewisse Dankbarkeit empfunden.

Plädieren Sie also für offene Beziehungen?

So wie die unerbittliche Forderung nach Treue hat auch die offene Beziehung etwas Grausames gegenüber dem anderen: nämlich die Vorstellung, ihm alles sagen zu dürfen – ja sogar zu sollen. In beiden Formen herrscht die tyrannische Vorstellung, alles teilen zu müssen.

Aber genau so lautet doch die Forderung für eine gelungene Beziehung.

Mir erscheint es als die größere Kulturleistung, wenn man nicht alles vom anderen wissen will. Wir sollten uns klarmachen, dass jeder Mensch Abgründe hat, die er nicht nur vor Anderen, sondern auch vor sich selbst gern verbergen möchte. In Liebesbeziehungen ist es darum notwendig, ein bisschen weise zu agieren. Wir dürfen der anderen Person oft nicht zeigen, dass wir ihre Abgründe bemerkt haben, denn dadurch machen wir es ihr unmöglich, sie vor sich selbst zu verbergen. Und wir sollten nicht glauben, dass wir die geliebte Person bessern oder liebenswerter machen könnten, indem wir ihre Abgründe tilgen. Denn, ob wir es wissen oder nicht, was wir an ihr lieben, sind oft gerade diese Abgründe – und ihre Versuche, sie zu verbergen.

ramp: Die neuen Ideale heißen Mobilität, Flexibilität und Dynamik. Braucht der iPhone-Nachwuchs da eigentlich noch so etwas wie Philosophen?

Robert Pfaller: In dem Maß, in dem Möglichkeiten der Kontaktaufnahme und Weltverbindung zunehmen, gehen offenbar Möglichkeiten der Distanzierung und Reflexion verloren. Um sich aber nicht von allem beeindrucken und ängstigen zu lassen, braucht man ein bisschen Philosophie – als intellektuelle und psychische Technik, die hilft, aufdringlichen Einbildungen zu entkommen und eigene Prioritäten zu setzen.

Was können Sie als Philosoph einem achtzehnjährigen Menschen mitgeben, der die Welt gerade für sich entdeckt?

Lassen Sie sich verführen, wozu Sie wollen – aber bitte nicht zum Altklugsein. Stellen Sie sich in allen Stresssituationen gewohnheitsmäßig die Frage, wofür es sich zu leben lohnt.

Warum müssen wir eigentlich wissen, wofür es sich zu leben lohnt? Reicht es nicht, einfach zu leben?

Wenn wir das nur fertigbrächten! Leider lassen wir uns aber ständig in die aberwitzigsten Besorgnisse und Paniken hetzen: Gesundheit, Sicherheit, Nachhaltigkeit, Korrektheit etc. Demgegenüber ist es nützlich, sich gelegentlich die Frage in Erinnerung zu rufen, wofür es sich zu leben lohnt. Wenn wir uns das fragen, dann werden alle diese Paniken wieder klein und relativierbar. Und die Antworten fallen übrigens jedem und jeder selbst ein. Dazu brauchen Sie den Philosophen nicht. Denn nicht die Antworten sind das Schwierige, sondern das Stellen der Frage.

Das Auto hat als wunderbares Freiheitstool in unseren Regionen ein paar Schrammen bekommen. Warum sollten wir denn das Autofahren nicht mehr genießen dürfen?

In seiner Glanzzeit – also etwa von den 50ern bis in die 70er Jahre – war das Auto nicht nur ein Vehikel von selbstbestimmter Mobilität und Neugier, sondern unter anderem auch von selbstbestimmter Sexualität. Elaine Robinson zum Beispiel, die junge Protagonistin von »The Graduate« (»Die Reifeprüfung«, 1967), wurde auf einem Autorücksitz gezeugt. Solche Funktionen hat das Auto aus Gründen verloren, für die es wenig kann. Die meisten Orte, die man mit dem Auto erreichen kann, sind uns bis zum Überdruss aus Fernsehen und Internet vertraut oder auch, wie die meisten Meeresstrände, real unwirtlich geworden. Und die Sexualität wird uns nicht mehr verboten; wir ekeln und ängstigen uns heute schon selbst vor ihr. Im Übrigen ist das Auto, wie die Architektur und die Mode, ein sehr aussagekräftiges Medium in Bezug auf die Hoffnungen und Utopien einer Zeit. Dass wir kaum Hoffnungen haben, drückt sich leider im aktuellen Autodesign wie kaum sonst wo deutlich aus. Wenn sich das einmal ändern sollte, dann wird auch nicht mehr so viel konformistischer Kitsch auf unseren Straßen rollen, und dann werden wir vielleicht wieder in der Lage sein, in bestimmten Autos ein verführerisches Versprechen zu wittern.

In den Siebzigern haben die Rennfahrer gesoffen, geraucht und die Mädels im Dutzend abgeschleppt. Und sind mit 45 Jahren an einem Herzinfarkt gestorben, wie zum Beispiel James Hunt …

Immerhin – Jackie Stewart, Emerson Fittipaldi und Gerhard Berger leben noch. Ich für mein Teil würde jedenfalls lieber leben und sterben wie James Hunt oder Jochen Rindt als zum Beispiel so wie Sebastian Vettel – über dessen Leben ich freilich wenig weiß. Wenn ich ihn sprechen höre, bekomme ich nur auffällig wenig Lust, es mir vorzustellen.

Welche Rolle kann das Auto im Kontext von Offenheit, Individualität und Lebensfreude authentisch spielen?

Der Philosoph Epiktet bemerkt, dass das, was uns in Erregung versetzt, nicht die Tatsachen sind, sondern unsere Einbildungen von den Tatsachen. Das ist der Grund, weshalb unsere heutigen Autos, die so viel können und so stark motorisiert sind, uns zugleich so wenig reizen. Sie sind stark auf der Ebene der Tatsachen, aber schwach und stereotyp auf der der Einbildungen. Wenn die Designer wieder lernen, sich ein wenig zurückzunehmen und in ihren Gestaltungen schlichte, stilvolle Zeichen zu setzen, anstatt dauernd sinnlose Gemeinplätze durch die Gegend zu brüllen, dann können unsere Autos uns wieder das Gefühl geben, dass wir einer fortschrittlichen Moderne zugehören, in der es eine Lust ist, zu leben.

Was für ein Auto fahren Sie – und wie fahren Sie es?

Ein altes Peugeot 306 Cabrio, mit Stoffdach, Ledersitzen und seidigem Zweilitermotor, das sich, offenbar entsprechend einer langen Peugeot-Tradition, sehr leicht und geschmeidig bewegen lässt. Ich fahre nicht unbedingt langsam, aber vorzugsweise gelassen. Sich nicht gehetzt zu bewegen hat der Philosoph Aristoteles als ein Zeichen von Vornehmheit betrachtet. Ich meine, auch Ruhe und Gelassenheit sind gute Beispiele eines Luxus, den wir uns – angesichts der gegenwärtigen Gewichts- und PS-Verfettung der automobilen Welt – nicht sollten abhandenkommen lassen.

15. Über Genuss

KEY ACCOUNT: In der Lebensmittelbranche gibt es einen Trend zur Individualisierung – der Bereitstellung von maßgeschneiderten Einkaufsmöglichkeiten, Gourmet nicht nur im Restaurant, sondern auch für die eigene Küche. In Ihrem Buch sprechen Sie von Öffentlichkeit als Bedingung für Genuss. Warum ist das so?

Robert Pfaller: Damit ist nicht gemeint, dass ständig andere Personen dabei sein müssten. Aber wenn man zum Beispiel zu Hause den Tisch feierlich deckt, und sei es auch nur für sich selbst, dann bezieht man eine virtuelle Öffentlichkeit ein – sozusagen den Blick eines unsichtbaren Dritten, für den die Sache festlich und würdig aussehen soll. Vielen fällt es schwer, ein Glas Wein zu trinken, wenn sie keine Gäste haben, mit denen sie trinken können. Daran lässt sich erkennen, dass die Genusspraktiken Rituale sind, die zu ihrem Gelingen einen Blick von außen voraussetzen.

Sie sprechen von Genussfeindlichkeit als Zumutung einer neoliberalen Ökonomie, die vor allem fitte und effiziente Menschen produzieren soll. Sobald wir uns wieder daran gewöhnten, die Frage zu stellen, wofür es sich zu leben lohne, werde die postmoderne Ideologie am Ende sein. Wem nützt der Status quo? Wer profitiert vom Genussverzicht?

Dadurch, dass es in der Postmoderne gelungen ist, die Mehrheit der Menschen in westlichen Gesellschaften mit der Frage zu beschäftigen, was sie sein wollen (z. B. in der Identitätspolitik), haben diese aufgehört, sich dafür zu interessieren, was sie haben wollen. Statt Gleichheit zu beanspruchen, legten sie plötzlich nur noch Wert auf Anerkennung. Dadurch wurde eine Menge an gesellschaftlichem Eigentum widerstandslos der Privatisierung bzw. der Unterwerfung unter private Interessen überlassen – ich verweise als Beispiel etwa auf die Universitäten. Zugleich gelang es, den Großteil politischer Energien in Pseudopolitiken abzulenken. Wir kümmern uns viel eher um die Gesundheit, die Sicherheit oder die Umwelt als um die Frage, weshalb Arm und Reich auch in unseren Gesellschaften sich in den letzten Jahrzehnten so dramatisch auseinanderbewegen. Es ist lange her, dass im traditionell zahmeren Kapitalismus europäischer Prägung die Reichen sich so schnell und so massiv bereichern und so viele Andere arm machen konnten, wie es seit kurzem wieder möglich ist.

Der New Yorker Bürgermeister Bloomberg begrenzte unlängst die Verpackungsgrößen für ungesunde Softdrinks. Auch in Europa erscheint so eine Maßnahme in Zeiten von genauen Verpackungsaufschriften der Inhaltsstoffe nicht mehr als Zukunftsmusik.

Gängeln diese gesundheitlichen Vorsorgemaßnahmen die Verbraucher tatsächlich? Ist die Einschränkung gewisser Freiheiten nicht gerechtfertigt? Immerhin sind beträchtliche Teile der US-Bevölkerung übergewichtig.

Die Frage ist immer, wem hier was verboten wird und von wem. Die allgemeine neoliberale Tendenz besteht darin, dass staatliche oder suprastaatliche Regulierungen unterlassen oder sogar zurückgenommen werden, wenn es die Konzerne oder die Finanzmärkte betrifft. Der Rinderwahnsinn in Europa zum Beispiel verdankte sich einer Aufhebung der Futtermittelkontrollen durch die britische Regierung. Auf der anderen Seite wälzt der Staat dann die Kosten der Schäden auf die Individuen ab. Die Dicken sollen mehr Steuern zahlen, anstatt dass man die Verwendung von Hormonen in der Nahrungsmittelindustrie verhindern würde. Das ist das Muster; freilich gibt es Ausnahmen oder Grenzfälle.

Halten Sie die konsumierende Öffentlichkeit wirklich für so aufgeklärt, dass der rationale Genussverzicht, das »maßlose Maßhalten« sich bereits fest im Bewusstsein verankert hat? Schließlich kursieren gerade im Ernährungsbereich viele Mythen, viele Menschen wissen nicht, ob z. B. Fleischkonsum ihrer Ernährung schadet, weil fett, oder nützt, weil es so schöne Muskeln macht.

Was sich in dieser Genussfeindlichkeit durchsetzt, ist durchaus von Mythen geprägt – es ist nicht Vernunft, sondern ein Zerrbild davon. Die Leute sind nicht aufgeklärt, sondern panisch. Sie haben fürchterliche Angst vor allem Möglichen und Unmöglichen und schrecken immer mehr davor zurück, sich ab und zu eine kleine, lebenswerte Verrücktheit zu leisten. Genau darin aber bestünde die Vernunft in Bezug auf das Leben: nicht dauernd und panisch »vernünftig« zu sein, sondern auf vernünftige Weise – eben so, dass die Vernunft ihnen nicht alles kaputtmacht, sondern sich nur dort betätigt, wo sie vernünftigerweise etwas verloren hat.

Die Werbung arbeitet in der Spätmoderne immer weniger mit objektivierbaren Produktvorteilen, sondern mit »lifestyling« – Waschmittel versprechen mehr Familienfreude, ein Duschgel mehr Erfolg bei Frauen, ein Schokoriegel pure Entspannung. Genussversprechen also allerorten. Bedeutet Genuss weniger, weil man plötzlich alles besonders genießen kann? Ist der Verzicht gar eine Reaktion auf die pausenlosen Genussversprechen des Marketings?

Ich glaube, es verhält sich genau umgekehrt: Die Marketingversprechen sind eine Folge des Verzichts. Die Produkte müssen Genüsse und Lebensgefühle versprechen und mittransportieren, weil wir diese gar nicht real leben können. Wir tragen Turnschuhe, weil wir keine Lust haben, Sport zu machen; und das Duschgel muss an unserer Stelle verführerisch sein, weil wir selbst weder Zeit noch Nerven für Affären haben.

Stichwort Non-ism – kein Fett in der Sahne, kein Zucker in der Cola etc. Beworben wird häufig ein ähnlich befriedigendes Produkt, nur eben ohne die gesundheitsschädliche Zutat. Dabei handelt es sich auch um einen Megatrend – »stealth health«, Lebensmittel, die nicht nur schmecken, sondern auch eine gesundheitsfördernde Funktion haben. Lösen solche Produkte diese Versprechen tatsächlich ein, oder ist hier eine Selbstlüge der Konsumenten schon längst wirksam geworden?

Zumindest fehlt diesen Produkten immer die eine, ungute Dimension. Genau die ist es aber, die das Leben lohnend macht. Mit alkoholfreiem Bier kann man bezeichnenderweise nicht richtig feiern. Denn Feiern besteht zum Beispiel darin, für einen Abend lang so zu tun, als könnte man sich ohne Ende betrinken. Nur dieses »als ob« verschafft uns unsere Triumphe. Nur im zeitweiligen Absehen von allen Rücksichten und Vorsichten sind wir lebensfroh und souverän.

Viele Menschen bemühen sich »richtig« zu konsumieren, Fair-Trade zu kaufen, nachhaltig und lokal, Kleidung, die nicht aus Sweatshops kommt. Glauben Sie, dass durch grünen Konsum Produktionsverhältnisse tatsächlich verändert werden können? Lassen sich diese Bemühungen von Konsumentenseite auch unter den Genussverzicht subsumieren, den sie proklamieren? Schließlich kann mengenmäßig weniger einkaufen, wer mehr für die einzelne Einheit ausgibt.

Ich glaube eher, dass sich durch solchen Konsum die gegenwärtigen Produktionsverhältnisse sehr gut aufrechterhalten lassen. Anstatt nur unkritisch billig zu kaufen oder zum Beispiel Konsumverweigerung zu betreiben, kaufen die Leute nun massiv, oft sogar zu überhöhten Preisen; und sie fühlen sich dazu sogar verpflichtet.

Das entspricht einer allgemeinen Tendenz, die uns immer mehr Dinge aus Pflichtgefühl tun lässt anstatt aus Freude an den Dingen. Wir haben gegenwärtig ein so tyrannisches Über-Ich, dass wir nicht nur mit gutem Gewissen kaufen möchten, sondern wir möchten uns vor allem ein gutes Gewissen erkaufen. Das ist eines der attraktivsten Produktversprechen.

16. Über den Philosophen

Lufthansa Exclusive: Sollte der Philosoph nicht Vorbild sein und mutig das leben, wofür er plädiert, in Ihrem Fall also die genussvolle Ausnahme, die fröhliche Grenzüberschreitung?

Robert Pfaller: Sie dürfen nicht vergessen, dass ich ja einem zwiespältigen Genuss ohnehin von Berufs wegen ständig nachgehe, nämlich dem müßigen Nachdenken. Ich werde für solche Exzesse auch noch bezahlt. Diese Genüsse sollten von einem gewissen branchenüblichen Verhalten flankiert werden.

Was bedeutet das?

Dass man andere Philosophen trifft, dass man mit ihnen trinken geht, sich in der Kunstszene bewegt. Philosophie und Kunst sind ja lange Teil einer Boheme gewesen. Inzwischen wurden solche Verhaltensweisen weitgehend fallengelassen; deren Zeichen aber wurden von breiten Mittelschichten übernommen, die das Bürgertum sich ebenfalls angeeignet hat. Sie können Künstler, anders als früher, auch äußerlich nicht mehr von anderen Menschen unterscheiden. Es gibt heute eine Vielfalt an Kreativberufen, deren Vertreter sich nicht unterscheiden lassen. Und die Nicht-Kreativen machen das nach, weil sie auch dazugehören und für kreativ gelten wollen.

Das ist frustrierend für die Kreativen, oder?

Nun, ich finde, die Philosophen müssen nicht gerade als Exzess-Weltmeister in Erscheinung treten. Aber es wäre schon gut, wenn sie – etwa wie Sartre und Beauvoir – zumindest signalisieren könnten, dass ein anderes Leben als das der Norm entsprechende der Massen auch möglich ist. Wenn Philosophen heute mit Frau und Kind posieren, ist das wenig hilfreich, weil sie ja wieder damit nur eine bestimmte, übrigens immer strenger vorherrschende Norm von Monogamie bestätigen.

Können denn Philosophen heute noch Lebensmodelle vorleben oder gar prägen?

Wenn sie es heute versuchen und wenn sie es öffentlich erklären, wirken sie sehr schnell wie ein saisonal gefragter Talkshow-Gast, so à la »Ich bin nekrophil – na und?«. Das ist dann nicht sehr geeignet, irgendeine Diskussion über die Modelle in Gang zu setzen oder die Vorstellungswelten der Menschen zu inspirieren.

Da bleibt nur die Pose des Rebellen?

Eher des schwarzen Schafs. Der Rebell kann eine neue Norm denkbar und attraktiv machen; das schwarze Schaf hingegen wird nur geächtet. Anstatt seine Haltung als Anregung zu begreifen, putzt man sich an ihm ab. Wie heute bei Jugendlichen. Wenn Sie sich anschauen, wie die am Wochenende »feiern«, hat man den Eindruck, fast alle genießen nur noch trotzig. Die kommen schon übertrieben betrunken in die Stadt, um sich dort weiter zu betrinken. Das trägt die Botschaft in sich: Wir genießen gegen euch!

Wird der Genießer sonst öffentlich nicht wahrgenommen?

Ich glaube, sie haben das Gefühl, dass ihnen der Genuss nicht gegönnt wird. Also müssen sie es auf provokante Weise tun, denn nur wenn es ihnen nicht gegönnt wird, glauben sie, ist es wirklich ein Genuss.

Ist das nicht nur noch das Abziehbild einer Rebellion?

Es ist bestenfalls »ein neurotischer Protest«, wie Freud gesagt hätte. Es ist keine beneidenswerte Situation, denn die jungen Menschen finden kein Modell für einen Genuss vor, der ihnen von der Gesellschaft nicht nur gegönnt, sondern auch nahegelegt würde.

Wird der öffentliche Raum – auch aus klimatisch bedingter Gewohnheit – in Südeuropa toleranter gesehen? Ist die Beschwerde eine deutsche Spezialität?

Nun, die Zivilisiertheit und Mondänität ist eine antike, römische Erfindung, die in der Renaissance wiederbelebt wurde. Ihre aktuelle Zerstörung aber kommt eher aus dem angelsächsischen Raum. Dort ist nicht von vornherein alles so streng geregelt wie etwa in Deutschland, aber jeder kann den anderen im Nachhinein an- und verklagen, wenn er sich behindert, gestört, irgendwie beeinträchtigt oder geschädigt fühlt. Das führt zu einem Druck, alles aus der Öffentlichkeit zu entfernen, wodurch sich irgendwer gestört fühlen könnte. Das ist eine Art von Entmündigung, man erzieht die Leute zu Mimosen, das ist das Ende des zivilisierten »Nun sei doch nicht so«-Genussappells.

War dann die vielzitierte »Spaßgesellschaft« der Achtziger nur eine Blase?

Nein, die hat es schon gegeben, aber die war auch nicht hedonistisch oder genussfreudig. Da wurde wieder davon ausgegangen, dass da, wo Spaß ist, keine Wahrheit sein kann, und dass dort, wo Wahrheit ist, es ganz ernst zugehen muss. Dass die Wahrheit auch heiter sein kann, wahnsinnig komisch sogar, wurde ausgeblendet.

Humor fehlt uns also auch?

Ja, wir postmodernen Wesen sind ein wenig wie altkluge Kinder: Jedem Verbot gegenüber aufgeschlossen, null Selbstironie, schnell beleidigt und für jede Panik zu haben.

Ist der politikferne Mensch ein besserer Genießer?

Nein. Genuss ist eben nichts Individuelles oder Spontanes. Er setzt immer einen Bezug auf Gesellschaft und Kultur voraus. Ohne diesen Bezug können die Leute ihre Vorbehalte gegenüber dem Unguten des Genusses nicht überwinden.

Ist die Gesellschaft nicht zumindest in ihrer Selbstwahrnehmung geteilt: Hier die elitären, genussfeindlichen Denker, dort der dauerfeiernde Pöbel?

Ja, so legen sich das manche zurecht, so stärken wir die Distinktion. Wer Respekt und Selbstachtung will, muss auf Genuss verzichten. Den delegieren wir zunehmend an die sogenannten Unterschichten, die jeden Anspruch auf Achtung verspielt haben. Begehren und Genussfreude wollen wir darum nicht zeigen, das ist uncool, das wirkt heute unsouverän.

Souverän wären also Sport, Bildung und gesunde Ernährung?

Die Privilegierten fühlen sich aufgrund solcher Praktiken anderen Klassen überlegen. Ob sie ehrlicher, dadurch glücklicher werden, das ist nicht sicher. Und souverän ist es auch nicht, wenn man nur besser sein will als andere – anstatt gut sein zu wollen.

Ist der Erfolg von Bio-Lebensmitteln also ein Ergebnis des Willens zum Image?

Ohne diesen Distinktionswert wäre der Erfolg mancher Phänomene schwer zu erklären. Womöglich würden die Menschen es dann schamhaft geheimhalten.

Jetzt behaupten diese Menschen aber auch, sie würden es genießen. Das kann doch sein, oder?

Ja, weil in jeder Askese auch der Genuss des Verzichts steckt. Man muss sich den buddhistischen Heiligen vor Augen halten, der mit sehr wenig sehr zufrieden ist. Und der sehr tolerant und wohlwollend und etwas mitleidig auf uns, die armen, triebgesteuerten Menschen blickt, und auf unsere so vielfältigen, so dummen Bedürfnisse. Das aber machen die westlichen Überzeugungstäter nicht, sie blicken hasserfüllt auf den anderen und wollen häufig aggressiv missionieren. Da bekomme ich dann Zweifel an der großen inneren Zufriedenheit.

Welchen Genuss würden Sie selbst am entschiedensten verteidigen?

Mir geht es gar nicht so sehr um den einen oder anderen Genuss. Ich frage mich aber sehr ernsthaft, was es für eine Gesellschaft bedeutet, wenn der Staat die Menschen hauptsächlich dazu bringt, sich zu beschweren und sich zu fürchten. Was für eine seltsame Gesellschaft, die sich quer durch alle Altersgruppen extrem rebellisch gibt, aber sich den allerkleinlichsten Verboten unterwirft! Nur weil sich der ängstliche Mensch so in seiner kleinen Welt geschützt fühlt, was natürlich ein Irrtum ist. Anstatt uns so zurückdrängen und zusammenstutzen zu lassen, sollten wir uns daran erinnern, mündige, politische Bürger, Citoyens zu sein. Ich möchte, dass wir wieder entspannter, großzügiger und auch glamouröser miteinander leben.

Also heißt die Parole »Wider die Kleinlichkeit!«

Wissen Sie, wie man im antiken Griechenland denjenigen genannt hat, der sich nur um seine Privatheit gekümmert hat?

Nein. Wie?

»Idiot.«

17. Über polygame Liebe und Ernst Lubitsch

Maša Ogrizek: Als Ausgangspunkt für Ihren Vortrag »Was ist so lustig an multipler Liebe? Der polygame Lubitsch-Touch« haben Sie seinen Film »Serenade zu dritt« (Design for Living) gewählt. Genauer wäre doch der Ausdruck »polyandrisch«, weil in dem Film zwei Männer und eine Frau vorkommen.

Robert Pfaller: Sie haben recht. Die Polygamie ist in den meisten Fällen bei Lubitsch polyandrisch. Lubitsch ist hier ziemlich radikal. Seine Botschaft ist eindeutig: »Von nun an werden Frauen gleichberechtigte Partner in Beruf wie Liebe sein. Daher werden sie auch wie Männer begehren werden.« Diese Betonung der weiblichen Fähigkeit zum polygamen Begehren gipfelt in der Idee polygamer Symmetrie für beide Geschlechter – was die zugrunde liegende Utopie vieler Screwball-Komödien der 30er und 40er Jahre ist.

Ich nehme an, dass es einen Unterschied in der Begehrensökonomie zwischen monogamer und polygamer Liebe gibt.

Der Unterschied in der Libidoökonomie zwischen monogamer und polygamer Liebe besteht darin, dass die Polygamie der Zahl Eins keinerlei Privileg zuweist. Von einem psychoanalytischen Standpunkt her würde ich behaupten, dass dieses Privileg der Eins, das wir zum Beispiel auch in monotheistischen Religionen beobachten können, immer aus dem Narzissmus stammt. Die Vorstellung, dass es nur ein einziges, absolutes Ding gibt, das bewundert werden muss, wurde nach dem Modell des Ego gebildet.

Je absoluter nun dieses Eine Ding wird, desto weniger

spezifische Merkmale darf es tragen: Monotheistische Götter werden unsichtbar, asexuell, allwissend usw. – und das Gleiche passiert anscheinend oft auch monogamen, einzigartigen, absoluten Liebesobjekten. Polygamie gesteht im Gegenteil, übrigens wie der heidnische Polytheismus, jedem Gott und jeder Göttin ihre spezifischen Eigenschaften, Tugenden, Laster usw. zu. Diese Haltung ist weniger narzisstisch und viel empirischer, der Welt zugewandter.

Nebenbei bringt das Ideal monogamer Liebe wie dasjenige des Monotheismus auch die Idee der Unerreichbarkeit des Objekts mit sich. Das dramatische »Triebschicksal« der monogamen Liebe ist daher notwendig tragisch; ihr Gipfel ist das romantische Scheitern. Daher ist klar, dass die Komödie eine Affinität zur Polygamie hat, wegen der Tatsache, dass die Komödie vom Erfolg handelt – der in den meisten Fällen, seiner Natur nach, ein Surplus von Erfolg ist. Daher hat die Heldin Erfolg, indem sie am Ende mehr als einen Liebespartner bekommt.

Monogamie und monotheistische Religion sind, wie Sie gezeigt haben, miteinander verbundene Prinzipien, aber nicht deckungsgleich. (Institutionalisierte) Polygamie ist in der islamischen Welt und bei den Mormonen doch weitverbreitet …

Die Frage, wie Liebe aufgefasst wird, ist nicht dasselbe wie die Frage, wie Heirat und Familie organisiert sind. Trotzdem denke ich, dass die Auffassung von Liebe, die den anderen als den einen, Absoluten und letztlich Unerreichbaren darstellt, denselben narzisstischen Ursprung hat wie die Auffassung von dem Einen Gott. Dieser »monotheistische« Absolutismus der romantischen Liebe gerät häufig in Konflikt mit den Erfordernissen der Ehe und Familie, nicht nur in polygamen monotheistischen Kulturen, sondern sogar in monogamen.

Absolute Liebe geht nicht so einfach mit Ehe zusammen, wie auch ein absoluter Gott nicht ohne Spannungen mit der materiellen Institution einer Kirche einhergeht.

Am Anfang des Films macht die Heldin einen humorvollen Vergleich polyandrischer Liebe mit Hüten, die man anprobieren kann, bevor man sich entscheidet, welchen man kauft. Dann vergleicht sie jeden Liebhaber mit einem bestimmten Hut. Aber wesentlich ist ihre Schlussfolgerung: Sie möchte nicht wählen, sie will beide. Ist das eine Art Mechanismus, der zentral für die Polygamie ist – anstatt »entweder das oder das« ein »dies und das«?

Nun, natürlich kann auch die polygame Verweigerung der Wahl als eine Folge des Narzissmus betrachtet werden – eine Nicht-Anerkennung der symbolischen Ordnung, in der jedes Element ein Geschlecht hat, ein Alter, einen Platz usw. Das Prinzip allerdings, dass jedes menschliche Wesen exakt einen Liebespartner hat, erscheint als das am meisten fragliche und historisch variabelste dieser Prinzipien.

Können Sie einige dieser Veränderungen aufzählen oder beschreiben? Das Ideal monogamer romantischer Liebe ist recht jung, nicht wahr?

Um nur eine grobe Linie zu zeichnen: Die romantische Liebe ist mit der Bourgeoisie des 19. Jahrhunderts verbunden, während Aristokraten mehr nach den antiken Vorstellungen von Liebe gelebt haben – in Verbindung natürlich mit den Belangen ihrer Dynastien. Wie Friedrich Engels bemerkt hat, wurde die Bourgeoisie genau in denjenigen Ländern romantisch, in denen die bourgeoise Revolution scheiterte und wo es der Bourgeoisie daher nicht gelang, sich die Errungenschaften der Aristokratie anzueignen. Daher ist das Happy End im deutschen bürgerlichen »Verlierer-Roman« die monogame Ehe, wie Engels bemerkt hat, während dasjenige des französischen Romans der Ehebruch ist. Einen weiteren Unterschied kann man in der Tatsache sehen, dass in den Ländern mit einem bürgerlichen Sieg der Begriff der Liebe mehr derjenige einer »amour fou« ist – eine verrückte Liebe, die nicht mit dem Ego konform ist. Das ist anders als bei der romantischen Liebe, welche die Liebenden in die völlige Identifikation mit ihrer Ursache zieht. Die »amour fou« dagegen scheint sich auf das (von Freud beschriebene) antike Gefühl zu beziehen, dass man dem Trieb Tribut zollen und ihn feiern musste, so seltsam er auch erscheinen mag.

Es gibt einen weiteren Dreh in dem Film; weil sie beide Männer »wählt«, verliert sie sie als Liebhaber. Wenn sie sich als Dreiecksbeziehung »outen«, entscheiden sie sich, dass ihre Beziehung bloß platonisch sein wird. Auf der einen Seite können wir das als Unterwerfung unter die gesellschaftlichen Rollen verstehen, als Sublimation. Auf der anderen Seite aber können wir das auch als Kastration auffassen – wenn du dein Begehren enthüllst, zerstörst du es. In welcher Beziehung steht ein Begehren – und nicht nur in der Polygamie – zum Geheimnis?

Als sich die Frau und die Männer am Ende von »Design for Living« wieder zusammenfinden, erneuern sie ihr »Gentlemen's agreement«, keinen Sex zu haben – aber sie lachen dabei, wohl wissend, wie die Heldin schon vorher gesagt hat, dass sie kein Gentleman ist. Es wird also zu Sex kommen, allerdings zwischen gleichberechtigten »Gentlemen«-Partnern.

Das Neue ist hier, dass die Liebe sich nun zwischen »Parallel«-Partnern ereignet, die im selben Beruf sind, nicht zwischen entgegengesetzten Partnern, die sich wechselseitig ergänzen – die Liebe ereignet sich gewissermaßen auf der »paradigmatischen« Achse und nicht auf der »syntagmatischen«.

Männer und Frauen lieben sich, weil sie in der gleichen Position sind, weil sie eine gemeinsame Sache teilen – was ihnen eine »Triangulation« verleiht wie in einer Freudschen »Masse«, worin die Individuen über die triangulierende Figur des Führers mit einander verbunden bzw. identifiziert sind.

In »Design for Living« wie in Lubitschs »Trouble in Paradise« und »To Be or Not To Be« triumphiert diese multiple Liebe zwischen gleichwertigen Geschäftspartnern über die romantische monogame Liebe mit ihrer nach Geschlechtern getrennten Arbeit. Jetzt, in der Moderne, ist die Frau nicht mehr länger nur die Ehefrau oder die Angestellte des Ehemanns, sondern eher Kollegin, Gefährtin, oder sogar Boss und Manager – wenn auch ebenfalls die Muse – ihrer Liebhaber.

Natürlich taucht auch die Frage auf, ob diese drei in Zukunft ihre dualen Sexualakte vor der jeweils dritten Person verbergen müssen. Ich glaube, dass die Logik der Komödie ein »Ja« vorschlägt. Denn die Polygamie wird in der Komödie immer als etwas von der Ordnung des Unmöglichen (das dennoch passiert) behandelt; sowie andere »komische« Unmöglichkeiten, z. B. Doppelgänger, Wiederholungen, symbolische Handlungen, die zu echten Handlungen werden, usw. Polygamie ist hier nicht einfach etwas Mögliches, Profanes, und darum kann sie nicht durch eine Ideologie der »Offenheit« bewältigt werden wie in der heutigen, meist langweiligen »Polyamori«-Literatur.

All das ist jedenfalls weit davon entfernt, eindeutig gelöst zu sein, und das Happy End von Lubitsch lässt uns mit Fragen und nicht mit Antworten zurück. Aber das gilt ebenfalls für die klassisch monogamen Happy Ends, man denke zum Beispiel daran, wie John Wayne und Claire Trevor am Ende von John Fords »Stagecoach« (1939) in die Nacht verschwinden. Wir wissen nicht, wie das glückliche Leben dieser beiden nach diesem Ende aussehen könnte.

Aber die Polygamie hat doch nicht immer diese Art emanzipatives Potential; viele Frauen zu haben, ist oft ein Zeichen von Hegemonie, besonders wenn das institutionalisiert ist.

Zeitgenössische Feministinnen wie z. B. Eva Illouz neigen zu der Annahme, dass Frauen weniger polygam und mehr an einer stabilen monogamen Beziehung interessiert sind als Männer. Lubitsch ist hier, denke ich, weniger konservativ. Seine Annahme lautet: Sobald Frauen im Geschäftsleben so hart wie Männer sind, werden sie genau wie Männer begehren. (Die polygame Lebensweise bestimmter lesbischer Communities könnte diese Annahme belegen. Eigenartigerweise scheint die angeblich »essentielle«, typisch weibliche Neigung zur Monogamie sich also auf die weibliche Heterosexualität zu beschränken.)

Es ist übrigens typisch für die postmoderne politische Resignation, sich von allem zurückzuziehen, was als hegemoniale Position des Feindes betrachtet werden kann. Es geht aber bei den Kämpfen – wie Engels betont hat – darum, diese Positionen zu erobern, nicht darum, sie zurückzuweisen. Wenn wir das, was der herrschende Feind in seinen Händen hält, nicht haben wollen, dann müssen wir überhaupt nicht kämpfen. Die postmoderne Hegemonie ist, wie Etienne Balibar bemerkt hat, ganz oft eine »negative Hegemonie«, die unterdrückte Gruppen dazu verleitet, nach »ihrem eigenen Ding« zu schauen und sich damit von den sozialen Kämpfen zurückzuziehen, anstatt zu versuchen, sich das anzueignen, was der Feind hat.

In Dreiecksbeziehungen ist es nicht nur das Geheimnis, sondern auch das Begehren des anderen, was die Sache am Laufen hält. Ist die Annahme, dass ein Partner jemand anderen als mich begehrt, in irgendeiner Weise eine Bedingung für jede sexuelle Beziehung, nicht nur für eine polygame?

Das kann man als die Grundthese von Svenja Flasspöhlers interessantem jüngsten Buch »Gutes Gift« betrachten, worin die Idee einer dritten Person betont wird, die ein notwendiges Element jedes funktionierenden Begehrens in einer monogamen Beziehung darstellt. Jedes Paar scheint daher aus – mindestens – drei Leuten zu bestehen, wenn nicht sogar aus vier, wie Sigmund Freud vermutet hat.

Aber wenn die dritte Person kein Rivale ist, mit dessen Begehren man sich identifiziert, wird sie/er einem Liebhaber/einer Geliebten sehr ähnlich. Sind alle Dreiecksbeziehungen – zumindest latent – mit Homosexualität verknüpft?

Natürlich können zwei Männer manchmal ihre latente homosexuelle Beziehung mit Hilfe einer »intervenierenden«, vermittelnden Frau leben. Aber auch Eifersucht kann, wie Freud gezeigt hat, als Manifestation – und Kampf gegen – Homosexualität betrachtet werden. Die Utopie von Lubitsch scheint mir aber auf etwas anderes zu verweisen: nämlich auf die moderne Haltung heterosexueller Kameradschaft oder Komplizenschaft. Sie kann mit den »promiskuitiven« Komplizenschaften oder Kameradschaften verglichen werden, die in – männlichen und weiblichen – homosexuellen Communities praktiziert werden.

Während die romantische Position des 19. Jahrhunderts darin bestanden hat, Sex zu ermöglichen, indem das (immer einzige) Objekt idealisiert worden ist, besteht die moderne Haltung darin, den Trieb zu feiern. Multiple Beziehungen werden daher durch Entidealisierung der Liebe ermöglicht, indem man gleichsam sagt: »Lass uns nicht so viel Aufhebens davon machten. Lass es uns einfach tun – und nicht darüber reden.« Solidarität und sogar eine Art »idealistischer« Respekt für den Liebeskameraden wird genau dadurch errichtet, dass man diese nichtidealistische Haltung gegenüber der Liebe teilt. (Das steht im Gegensatz zum zeitgenössischen postmodernen Polyamorismus, der viel Gerede und »Bekenntnisse« verlangt. Er versucht Geheimnisse zu vermeiden, den Sex in absoluter Entsprechung zum Ego zu halten und zielt auf eine totale »Subjektivierung« – eine Position, die Michel Foucault kritisiert hat.)

Sie haben betont, dass sich in den letzten Jahrzehnten die allgemeine Wahrnehmung von Polygamie oder Ehebruch beträchtlich verändert hat, von etwas Geheimnisvollem, Verführerischen und Faszinierenden zu etwas Abstoßendem oder Langweiligem. Wie würden Sie diese Veränderung, diese Wende erklären?

Die zeitgenössische Wahrnehmung unkonventioneller, polygamer Sexualität als etwas absolut Abstoßendes, das dem Untergang geweiht ist, stellt nur ein Element des allgemeinen Phänomens postmoderner Abscheu dar. Viele unserer früheren Freuden, und nicht nur Sex, sondern zum Beispiel auch Rauchen, Höflichkeit, Eleganz, Charme, das Tragen von Pelzen, Autofahren, das Essen von Butter, Erwachsenensprache usw. sind uns seltsam verdächtig geworden. Ich denke, dass kann nur durch die Tatsache erklärt werden, dass wir in einer Kultur leben, deren dominanter Imperativ »Sei du selbst!« lautet. Und das bedeutet: Mache nur, was du wirklich willst. Nun beinhalten alle unsere großen Lüste ein negatives Element: Alkohol ist schlecht für die Gesundheit, Sex ist ekelhaft, selbst Musik hören ist eine Zeitverschwendung. Daher will das niemand mehr wirklich tun. Menschen sind eigentlich nie »hedonistisch«, sondern lehnen Lüste wegen ihres negativen Elements immer spontan ab. Um diese Lüste zu genießen, brauchen Individuen die Hilfe der Kultur. Sie brauchen einen kulturellen Befehl, zu genießen. Wenn die Kultur zum Beispiel sagt, »Das ist eine elegante Bar. Hier ist es üblich zu rauchen. Jetzt benimm dich nicht wie ein Kind, sondern genieße die Eleganz des Rauchens der anderen Leute (oder von dir selbst)«, dann werden die Individuen in die Lage versetzt, mit dem negativen Element umzugehen und es in etwas Erhabenes zu verwandeln. Darauf zielt übrigens Freuds Begriff der Sublimierung: auf die Verwandlung von etwas Unangenehmen in eine Quelle erhabener Lüste aufgrund eines kulturellen Befehls.

Die gegenwärtige postmoderne Kultur leistet keine derartige Unterstützung. Wenn sie »Genieße!« sagt, dann lässt sie die Individuen mit der Unmöglichkeit, dies zu tun, allein. Das wäre, wie wenn man Arbeitern, die aus ihrer Fabrik ausgesperrt sind, sagen würde: »Dann geht doch nach Hause und produziert eure Waschmaschinen dort.« Wie die ausgesperrten Arbeiter sind die postmodernen Individuen der erforderlichen gesellschaftlichen »Produktionsmittel« der Lüste beraubt.

Aber es gibt doch auch in der Selbstbeschränkung eine Art Lust, oder? Das können wir in der gegenwärtigen Werbung für Nahrungsmittel zum Beispiel sehen – es wird beworben, was Nahrung nicht macht: Kaffee ohne Koffein, Eiskrem ohne Milch, Brot ohne Gluten …

Diese Beispiele stehen genau für das, was übrig bleibt, wenn die Individuen nicht mehr in der Lage sind, mit dem negativen Element in den Lüsten umzugehen. Ich denke, dass diese »zahnlosen Lüste« es niemandem erlauben, sich glamourös, großartig oder großzügig zu fühlen, wie die erhabenen Lüste das tun. Wir sind zu einer Gesellschaft kleinmütiger subalterner Kreaturen geworden, ohne Streben nach Größe oder Souveränität.

Sie haben sogar unser zeitgenössisches, postsexuelles Zeitalter mit dem viktorianischen verglichen, und wir sind vermutlich in der schlimmeren Lage. Ich denke aber nicht, dass wir uns so wahrnehmen; wir glauben im Gegenteil an einen Mythos totaler Freiheit, an ein Zeitalter ohne Einschränkungen. Welche Gründe gibt es für diese falsche Selbstwahrnehmung?

Wir gehorchen denselben Einschränkungen wie im späten 19. Jahrhundert, zum Beispiel bei der Sexualität. Der Unterschied liegt nur darin, dass wir, anders als die Viktorianer, selbst an die Gründe für diese Einschränkung glauben (während die Viktorianer nur gefürchtet haben, was »die Anderen« denken könnten). Daher fühlen wir uns beim Gehorchen nicht entfremdet. Unsere »Freiheit« besteht darin, dass wir uns alles selbst verbieten, anstatt es von anderen Leuten verboten zu bekommen.

Unser (narzisstisches) Zeitalter lobt neben der Freiheit auch die Authentizität. Das ist, wie Sie gezeigt haben, eng mit dem Niedergang der Grenze von öffentlich und privat, von (echter) Identität und dem Spielen von (falschen) Rollen verbunden. Ihrer Meinung nach ist das Aussterben leidenschaftlicher Liebhaber eng mit dem Verschwinden politischer Staatsbürger verbunden. Könnten Sie das erklären?

Richard Sennett hat in seinem Buch »Verfall und Ende des öffentlichen Lebens« von 1974 das Verschwinden der alten Unterscheidung von privater Identität und den Rollen beschrieben, die man in der Öffentlichkeit spielt. Heute sind alle fast immer »authentisch« und konfrontieren andere mit ihren Identitäten, anstatt eine elegante Rolle zu spielen. Während nun Identität aus Bedürfnissen und Verletzlichkeiten besteht, brachte eine Rolle Verpflichtungen und Möglichkeiten mit sich. Solange wir zum Beispiel den rauchenden Anderen als jemanden betrachtet haben, der der Verpflichtung seiner oder ihrer öffentlichen Rolle gehorchte, war ihr Rauchen willkommen. Nur wenn wir den rauchenden Anderen als einen privaten »authentischen« Raucher wahrnehmen, fühlen wir uns belästigt.

Die Existenz und die Anerkennung öffentlicher Rollen ist daher eine notwendige Bedingung für Lüste als solche und für die Möglichkeit, Lust als etwas zu erfahren, das solidarisch geteilt werden kann. Sobald diese Möglichkeit verloren ist, haben wir die Möglichkeit verloren, politische Bürger zu sein – oder (in den Worten der Französischen Revolution) »Citoyens«. Dann existieren wir nur als »Bourgeois«, die sich nur um ihre eigenen privaten Belange kümmern – wir sind dann »Idioten«, wie die Griechen das genannt haben.

Durch das Verwischen der Grenze zwischen privat und öffentlich verschwindet auch die »echte« Privatsphäre; besonders die Privatsphäre des »anderen« ist für uns nicht mehr länger zugänglich. Kinder feiern zum Beispiel ihren Geburtstag an öffentlichen Orten – Kinos, Schwimmbädern usw; (un)angekündigte Besuche, selbst von guten Freunden, werden als unhöflich angesehen …

Genau. Solange das öffentliche Leben in Sennetts Sinn existierte, war das Privatleben etwas, über das man nicht gesprochen hat. Heute sprechen wir über fast alles und zeigen unsere Plätzchen jedermann auf Facebook. Das zerstört vielleicht das Privatleben. Aber vor allem erzeugt es kein öffentliches Leben.

Sie schreiben, dass nicht nur die Postmoderne entpolitisiert ist, sondern auch die Freude, Humor, Glanz, Engagement usw. – und nicht nur aus der Sexualität – verschwinden. Welche Veränderungen wären erforderlich, um etwas komischen Glanz,

Glamour und Unernsthaftigkeit in unsere Liebe und in unsere Sexualbeziehungen zurückzubringen, also den Lubitsch-Touch?

Wir müssten wieder lernen, politische Bürger zu werden und uns aus unserer läppischen kleinen, »paranoiden« Sorge um Gesundheit, Sicherheit, Nachhaltigkeit, Korrektheit usw. herauswinden, indem wir fundamentale Fragen stellen wie: »Wofür lohnt es sich zu leben?«

18. Über Interpassivität

Margarete Jahrmann: Dein Konzept der Interpassivität – könnte man es auf Werbung anwenden?

Robert Pfaller: Sicherlich: Man könnte allgemein sagen, dass Werbung von interpassiv gestimmten Subjekten ähnlich wie Dosengelächter genutzt werden kann. Dann lassen wir die Werbung an unserer Stelle die Dinge toll finden. Es kann aber auch noch weiter gehen. Die Kulturwissenschaftlerin Daniela Kuka hat mir vor kurzem ein Bild eines Plakats gemailt – die Werbung einer Blumenversandfirma. Darauf stand geschrieben: »Wir haben das Zeug zum perfekten Liebhaber.« Daniela Kuka hat pointiert bemerkt: »Die machen sogar das Liebhabersein delegierbar.« Das ist ein klassisches Motiv der Interpassivitätstheorie: Die delegierte Liebe spielt zum Beispiel in den Romanen Pierre Klossowskis eine zentrale Rolle.

Kannst du verteiltes Genießen oder sogar Stellvertretendes in Werbung erkennen? Genuss steht in Beziehung zum Konsumieren, wenn wir auf die Botschaften der Werbung sehen. Du verstehst den Zusammenhang hier anders – oder?

Für die Interpassivitätstheorie war es zunächst wichtig, die etwas irreführende Rede von der »Passivität«, wie sie in der Interaktivitätstheorie in Bezug auf Kunst- oder Medienrezeption vorherrschte, auf eine theoretisch tragfähigere Basis zu stellen. Darum betrachteten wir »Passivität« als Konsumtion. So konnte man dem Umstand Rechnung tragen, dass es sich nicht um Produktion handelt, auch wenn diese

»Passivität« (wie zum Beispiel beim kritischen Betrachten eines Films) eine Menge Aktivität enthalten mag. Ein anderer ökonomischer und juristischer Terminus für Konsumtion ist »Genuss«.

Sind Genuss und Konsumieren eins? Ist Konsum eine Motivation, für die es sich zu leben lohnt? Gibt es Alternativen oder Erfüllung?

Damit ist freilich noch nicht gesagt, dass jeder Konsumakt eine Freude wäre. Man darf nicht übersehen, dass jeder Produktionsakt selbst Konsumtion (von Rohstoffen, Arbeitsmitteln und Arbeitskraft) beinhaltet. Denn aus nichts kann, wie Demokrit betonte, nichts entstehen. Darum spricht Marx von »produktiver Konsumtion«. Ein großer Teil unserer Konsumtion ist also einfach Arbeit.

Nur ein bestimmter Teil der Konsumtion stellt nichts her, das selbst wieder konsumierbar wäre. Das ist unproduktive Konsumtion. Hier wird es allerdings schwierig: Denn ein großer Teil der scheinbar unproduktiven Konsumtion ist in Wahrheit ja Reproduktion der Arbeitskraft: Essen, Schlafen, Sport, Wellness etc. Nur ein ganz schmaler Bereich scheint da, wenn überhaupt, übrig zu bleiben, in dem es nach reiner Verschwendung aussieht: Wenn wir mit Freunden feiernd Champagner trinken etwa. In diesen Momenten haben wir, wie Georges Bataille bemerkte, Gelegenheit, uns souverän zu fühlen: Dann funktionieren wir nicht einfach und dienen nicht einfach irgendeinem Zweck, sondern sind, wenigstens für kurze Zeit, sozusagen als Herren auf Augenhöhe mit dem Leben. Alles, was uns solche Gefühle verschaffen kann – und das sind oft vergleichsweise kleine Dinge wie Kaffee trinken oder eine Katze kitzeln –, lässt uns das Lohnende des Lebens vor Augen treten. Dann tun wir nichts für das Leben, sondern für die Gründe, für die es sich zu leben lohnt.

Den Magic Circle kennen wir aus dem Bereich der Spiele. Gibt es im Genuss/Konsum ähnliches?

Definitiv. Das Magische besteht in dem Bann, den eine Illusion gerade auf diejenigen auszuüben vermag, die nicht an sie glauben. Obwohl die meisten von uns nicht an das Horoskop oder an die Bedeutung von Sportresultaten für unser Leben glauben, müssen doch viele von uns die entsprechenden Seiten in der Zeitung lesen – meist sogar dringlicher als alle übrigen Seiten. Und wir entwickeln auffällig heftige Affekte – Trauer, Besorgnis oder Freude bei entsprechenden Vorhersagen oder Ergebnissen. Mit den Versprechungen der Werbung verhält es sich genauso: Wir reagieren mit Nichtglauben und Dochfasziniertsein.

Spiel und Ironie, wären dies mögliche Strategien im Umgang mit dem von Werbung verordneten Genuss?

Nun, das Problem besteht darin, dass man auf diese Weise den magischen Zirkel eben nicht verlässt. Niemand glaubt wirklich der Werbung. Aber es verhält sich wie beim Horoskop: die Wirkungen entstehen gerade gegen unser besseres Wissen. »Ich weiß zwar, dennoch aber« – diese gespaltene Haltung kennzeichnet den Horoskopleser, die Konsumentin, den Sportfan, den Fetischisten und die Spielerin. Die spielerische oder ironische Distanz ist eine notwendige Begleiterscheinung der Gebanntheit. Wahrscheinlich könnte man dem Bann leichter entkommen, wenn man ganz ernsthaft und naiv an alle Illusionen glaubte. Nur, wer kann das schon?

Allgemein: Die Wirksamkeit des Spiels und die Realität von Spiel – sind beides Wunschvorstellungen von Spielern und ihren Theoretikern?

Ich fürchte, es ist schlimmer. Der Bann, den das Spiel auszuüben vermag, ist eine bittere und meist etwas beschämende Realität. Das gilt nicht nur für die Spielsüchtigen. Auch mildere Fälle sitzen abends arbeitend am Computer, werden müde, schießen dann ein paar Moorhühner und können plötzlich nicht mehr aufhören. Das ist alles andere als eine Wunschvorstellung.

19. Über Bevormundung I

Der Standard: Nach dem Appell »Empört euch!« von Stephane Hessel, der die Empörung letztlich auch nur einen oder zwei Sommer am Köcheln hielt, folgt nun die Veto-Drohung der Regierten gegen die Regierenden. Sie sind Mitinitiator der Plattform »Mein Veto – Bürger gegen Bevormundung«. Wo fühlen Sie sich denn als Bürger bevormundet, und von wem?

Robert Pfaller: Wir dürfen es uns als erwachsene, mündige Bürger nicht gefallen lassen, dass die Politik uns wie Kinder behandelt und uns zunehmend unsere kleinen Freuden wie Trinken oder üppiges Essen miesmacht oder verbietet, dass sie die Universitäten zu schlimmeren Mittelschulen macht, wo nur noch Zwang und Kontrolle herrschen, dass sie uns vor »adult language« in Filmen wie Michael Hanekes »Amour« warnt oder uns ständig gouvernantenhaft auf Dinge hinweist, die wir sehr gut selber wissen – etwa, dass Rauchen schädlich ist.

Das sind übrigens durchaus bewusste Provokationen. Als Vorsitzender der Euro-Gruppe hat der Luxemburgische Ministerpräsident Jean-Claude Juncker mit dankenswerter Deutlichkeit gesagt: »Wir beschließen etwas, stellen das dann in den Raum und warten einige Zeit ab, was passiert. Wenn es dann kein großes Geschrei gibt und keine Aufstände, weil die meisten gar nicht begreifen, was da beschlossen wurde, dann machen wir weiter – Schritt für Schritt, bis es kein Zurück mehr gibt.« (s. Der Spiegel 52/1999, 27.12.1999, S. 136). – Ich meine, da müssen wir reagieren und solchen Leuten zeigen, dass wir kein dummes Stimmvieh sind, das alles mit sich machen lässt.

Aber hat der (Sozial-)Staat nicht auch eine gewisse Fürsorgepflicht jenen gegenüber, die vielleicht nicht so bewusst leben und reflektiert sind wie Sie?

Das Problem ist eben, dass genau jene Politik, die die Einzelnen mit Verboten und lächerlichen, bevormundenden Hinweisen schikaniert, eben ihre Fürsorgepflicht vernachlässigt, indem sie den großen Konzernen zunehmend freies Spiel lässt: Diese Politik lockert zum Beispiel die EU-weiten Kontrollen bei den Futtermitteln und ermöglicht dadurch den Rinderwahn. Oder sie lässt zu, dass immer mehr genmanipulierte Äpfel auf den Markt kommen, die zwar nicht mehr braun werden, wenn man reinbeißt, die aber eben darum auch nicht mehr gesund sind.

Welche Rolle soll denn der Staat einnehmen oder: Worum soll er sich denn stattdessen lieber kümmern?

Das Prinzip muss lauten: »Friede den Hütten, Krieg den Palästen«. Die vordringlichste politische Aufgabe besteht im Moment sicherlich darin, Regelungen durchzusetzen, damit die Irrationalität der absichtlich deregulierten Finanzmärkte nicht weiterhin Millionen Menschen in Europa in die Armut treibt und eine ganze Generation ihrer Zukunftsperspektive beraubt. Die Politik hat die Menschen vor Verarmung, Entsolidarisierung und Entdemokratisierung zu schützen.

Die Mickrigkeiten hingegen, denen sich unsere Politik derzeit mit Vorliebe widmet (etwa: Glühbirnen, Bananen- oder Gurkenkrümmung, medizinische Nadeln), sind im Moment nur obszöne Ablenkungsmanöver. Sie sollen hinwegtäuschen über die Impotenz und den Unwillen der Politik, die entscheidenden Fragen zu behandeln. Ich nenne das Pseudopolitik.

Einer Ihrer Zentralbegriffe ist »Eigenverantwortung«.

Der Zentralbegriff ist: Respekt vor der Mündigkeit der Bürgerinnen und Bürger. Mit der Eigenverantwortung hingegen verhält es sich wieder genauso zwiespältig wie mit der scheinbaren Fürsorge durch die Bevormundungspolitik: Genau jene Individuen, denen man keinen mündigen Umgang mit ihren Genussmitteln zutraut, möchte man nämlich umgekehrt verantwortlich machen für ihre Krankheiten und ihr soziales Scheitern. Eben der Staat, der uns mit seinem »Fürsorgeterror« behelligt, möchte auf der anderen Seite, dass wir ihm Gesundheit und soziale Fitness schulden. Er ist nicht mehr bereit, selbstverständlich für alles zu zahlen, was Menschen in ihrem Leben eben kosten. Und das bei dem Wohlstand, der heute herrscht. Der großartige Stéphane Hessel hat mit Recht darauf hingewiesen, dass ein umfassender Sozialstaat selbst für das arme Nachkriegsfrankreich von 1949 durchaus vorstellbar und finanzierbar war.

Wenn Sie sich umsehen – oder sagen wir, irgendwelche Talkshows und andere Trash-TV-Formate ansehen –, sehen Sie da wirklich die mündigen, eigenverantwortlichen BürgerInnen, die Sie gern verschont sehen würden von staatlichen Regulierungen?

Wenn Sie das Trash-TV ansprechen: Bis in die 90er Jahre waren im österreichischen Fernsehen vorwiegend gut gekleidete Menschen zu sehen, die sich sachlich zu Fragen geäußert haben, die für die ganze Gesellschaft von Interesse waren. Mit der Vorherrschaft des Privatfernsehens ist das gekippt: Plötzlich sitzen nun dauernd Leute im Pyjama oder Betrunkene da, die ihre Privatmarotten ausbreiten. Das konnte zunächst als Befreiung erlebt werden, und es hat ja manchmal auch einen gewissen Unterhaltungswert. Aber wir dürfen nicht übersehen, was da verlorengeht: Kaum jemand hat mehr das Recht, im TV als politischer Bürger aufzutreten und ernst genommen zu werden. Fast alle dürfen überhaupt noch vor die Kamera, wenn sie bereit sind, sich als Freaks aufzuspielen.

Wobei Sie sich ja nicht nur vom staatlichen »Vormund« unzumutbar behelligt fühlen, Sie stoßen sich ja auch an den – offenkundig nicht so wahnsinnig verantwortungsbewussten – Zeitgenossen, die buchstäblich aus der »Rolle« fallen und ihre »Persönlichkeit« sehr expressiv zum Ausdruck bringen und ihre Umgebung nerven. Was hat es damit auf sich?

Vieles, was die Nervensägen um uns herum tun, tun sie ja im Namen ihrer höchstpersönlich interpretierten »Freiheit« – wären da ein paar Grenzen nicht doch ganz gut?

Den Begriff »Freiheit« wenden viele derzeit fälschlicherweise auf ihr privates Leben an. Sie meinen mit »Freiheit«, dass sie ihren Launen, Identitäten, Befindlichkeiten und Empfindlichkeiten freien Lauf lassen dürfen. Freiheit ist aber genau das Gegenteil davon: Es ist unsere Fähigkeit, diese »pathologischen« Neigungen (wie Immanuel Kant sagt) und Marotten hinter uns zu lassen. Erst dann werden wir zu etwas Allgemeinem, zu politischen Bürgern. Nur in dieser Eigenschaft können wir uns auch dauerhaft mit anderen solidarisieren: Denn wir können nicht mit den Befindlichkeiten der anderen solidarisch sein, sondern nur mit deren Fähigkeit, sie hinter sich zu lassen.

Eine staatliche und mediale Pädagogik aber, die uns ständig als unmündige, empfindliche, verletzliche und kränkbare Wesen hinstellt, arbeitet am Gegenteil. Sie tut so, als ob die Befindlichkeiten der Menschen das Beste an ihnen wären und fragt sie ständig: »Stört dich da nicht etwas? Sollen wir den Anderen (und dir) vielleicht noch etwas verbieten?«

Auf diese Weise macht die Politik (unterstützt von bestimmten Medien) aus den Menschen furchtsame, feige, gehorsame, traurige und neidische Wesen, die das Glück des Anderen immer nur als Nachteil erleben können und für autoritäre Politik anfällig sind. Um nicht ihre eigenen Grundlagen zu zerstören, muss demokratische Politik ganz anders an die Leute appellieren. Sie muss signalisieren: »Du bist erwachsen. Du kannst das ertragen. Du stirbst nicht sofort, wenn du gegrilltes Lamm riechst, das aus dem Hof der Siedlung auf deinen Balkon heraufduftet; oder wenn du den Nachbarn Klavier üben hörst.« Nur dann bekommen wir Bürger, die politisch handlungsfähig sind und das Glück des Anderen auch als etwas solidarisch Teilbares erleben können.

Mit Ihrem Buch »Wofür es sich zu leben lohnt«, haben Sie sich die Genussverhinderer vorgenommen und für ein lustvolleres Leben plädiert. Für viele gehört dazu Rauchen. Es ist ungesund, viele Menschen fühlen sich dadurch gestört und es ist vielerorts verboten. Sie aber finden, obwohl Sie selbst »sehr sehr wenig rauchen«, das Rauchen nicht so böse, wie es die diversen Rauchverbote insinuieren. Soll jeder alles tun dürfen, oder wo wollen Sie die Grenze ziehen?

Wo es solche gegensätzlichen individuellen Interessen gibt, hat die Politik, meine ich, lediglich die Aufgabe, Regelungen zu finden, die für alle Beteiligten erträglich sind. Mir ist es relativ egal, wo genau diese Grenzen zwischen Raucher- und Nichtraucherbereichen gezogen werden. Die derzeitige Regelung in Österreich finde ich einigermaßen vernünftig. Verdächtig aber wird mir Politik dort, wo sie das Rauchen vollkommen und überall verbieten will – in allen Lokalen, und darüber hinaus womöglich auch noch auf der Straße und im Park, wie derzeit schon in den USA. Das scheint mir von einem Eifer getrieben, der etwas Fanatisches, Religiöses an sich hat. Bedenken Sie: Wir haben in den letzten Jahren das Fernsehen, den öffentlichen Verkehr, die Sicherheitsdienste, die Museen und die Universitäten privatisiert und sie dem Spiel des Marktes überlassen. Aber die Nachfrage nach Nichtraucher- und Raucherlokalen kann man nicht dem freien Markt überlassen? Das muss der Staat regeln? Ich frage mich: Wozu will man den Staat da verkommen lassen?

20. Über Bevormundung II

Christina Merl: Sie haben sich viel mit dem Thema Spaß und Genuss auseinandergesetzt. Wie viel Spaß dürfen wir bei der Arbeit haben?

Robert Pfaller: Da gibt es aus meiner Sicht keine vorschreibbaren Grenzen. (Die faktischen Grenzen sind ohnehin meist eng genug.) Wichtig erscheint mir nur, dass Menschen Gelegenheit haben, sich zu vergegenwärtigen, dass sie nicht für die Arbeit alleine leben. Solche Gelegenheiten oder auch »Unterbrechungsriten«, wie zum Beispiel der Müßiggang, das Feiern, Kaffeetrinken oder Rauchen, werden aber derzeit zunehmend verfemt.

Im gedifo [Gesellschaftspolitisches Diskussionsforum] spielen Identifikation mit dem Thema (es gibt derzeit fünf Untergruppen, die sich mit den Themen Zeitarbeit, Betriebliche Gesundheitsförderung/Burnout, Kampagnen, CSR und Weiterbildung auseinandersetzen), Erfahrungsaustausch und kreative Denkprozesse eine wichtige Rolle. Wie wichtig sind solche »Freiräume« in Organisationen und Gesellschaften? Was können sie bewirken? Gibt es ausreichend davon?

Mein Eindruck ist, dass in sämtlichen Bereichen immer mehr unproduktiv gehetzt wird. Im Fernsehen zum Beispiel kann kaum noch jemand einen Satz zu Ende sprechen; vor lauter Angst, die Zuschauer könnten umschalten. Dabei schalten viele wohl gerade deshalb weg, weil ständig so gehetzt wird. An der Universität hetzt man die Studierenden von einer Prüfung zur nächsten, anstatt sie in Ruhe studieren zu lassen. So werden 70 Prozent der studentischen Aufmerksamkeit für die Formalitäten des Studiums verpulvert anstatt für die Inhalte. Die nötigen Freiräume gehen also, wie mir scheint, in vielen Bereichen in bedrohlichem Ausmaß verloren. Sie müssen wieder erkämpft werden – vor allem in Auflehnung gegen eine neoliberale Ökonomisierungsmafia und eine Bürokratie, die allein zu ihrem eigenen Nutzen völlig ineffiziente Standards von Effizienz durchgesetzt haben.

Wir bewegen uns häufig in »Command and Control«-Systemen, wo Regulierung, Effizienz und Wettbewerbsfähigkeit den Ton angeben. Gleichzeitig wird der Ruf nach Menschlichkeit immer lauter. Wie lassen sich diese beiden Tendenzen in Organisationen und in der Gesellschaft vereinbaren?

Es würde in einem ersten Schritt wohl genügen, wirkliche Effizienz von ihren neoliberalen und bürokratischen Attrappen zu unterscheiden. Was Menschen als erfüllend empfinden, ist nämlich oft auch in hohem Maß effizient.

Viele von uns haben das Gefühl, im Alltag permanent gegen Gummiwände zu rennen – die meisten werden müde und resignieren irgendwann. Gibt es Mittel oder Methoden, um uns vor den Auswirkungen der Frustration (Burnout, Depression und dergleichen) zu schützen?

Menschen brauchen Gelegenheiten, Abstand von sich selbst zu gewinnen. Solche Gelegenheiten aber gibt es kaum mehr in einer Kultur, in der nicht nur der Leistungsdruck, sondern auch der Druck, ganz man selbst zu sein, ständig zunimmt. Wir müssen uns nicht nur mit unserer Arbeit, sondern auch mit unserer kulturellen, sexuellen, ethnischen und religiösen Zugehörigkeit identifizieren. Ebenso sind wir unter Druck, uns biometrisch zu optimieren. Burnout ist oft eine Auswirkung von überstarker Identifizierung und entsteht nicht nur dann, wenn ich mit lauter sinnentleerten Aufgaben überfordert bin, sondern auch, wenn wir uns vor lauter Sinn, den wir in unserer Arbeit sehen, nicht mehr von ihr abgrenzen können. Und die Menschen sind heute ja nicht nur ausgebrannt, erschöpft und depressiv durch die Arbeit, sondern, wie Alain Ehrenberg und Byung-Chul Han gezeigt haben, auch in Bezug auf ihre eigensten Leidenschaften: Liebe, Sex, Vergnügen, Wünsche. Um diesen Zustand zu vermeiden, müssten wir die Kulturtechniken, die der Abstandgewinnung vom eigenen Ich dienen, wieder mehr würdigen: die Unterbrechungsriten, die zu Zivilisiertheit, Takt, Eleganz, Großzügigkeit anleiten.

Mit Ihrer jüngsten Initiative »Adults for Adults« fordern Sie gemeinsam mit Künstlern und Intellektuellen ein Ende der Bevormundung von Bürgern durch den Staat, insbesondere die EU. Wie viel Eigenverantwortlichkeit kann man den Bürgern zumuten?

Den Begriff Eigenverantwortlichkeit lehne ich ab, da er nicht das Gegenteil der aktuellen Bevormundungspolitik zum Ausdruck bringt. Die Politik der Rauchverbote widerspricht der Eigenverantwortlichkeit keineswegs. Sie ist in Wahrheit eine Politik der Eigenverantwortlichkeit. Denn: Sie dient dazu, Rauchpausen nicht mehr zu bezahlen und ihre Finanzierung der »Eigenverantwortlichkeit« der rauchenden Pausierenden zu überlassen. In weiterer Folge dient diese Politik dazu, Krankheit als Eigenverschulden der Betroffenen erklärbar zu machen und diese dafür selbst bezahlen zu lassen. Das ist übrigens das Grundprinzip der Bevormundungspolitik: Sie gibt sich fürsorglich in unbedeutenden Kleinigkeiten. Dafür lässt sie Millionen von Menschen in Europa in Arbeits- und Obdachlosigkeit verkommen. Auch die gesamte, scheinbar menschenfreundliche und fürsorgliche Gesundheitspolitik entspricht diesem Prinzip: Es geht ihr nicht darum, dass die Gesundheit für die Menschen da ist, sondern umgekehrt – die Menschen müssen für ihre Gesundheit da sein. Denn so kann man an ihnen besser Kosten sparen. Eine Politik, die ihren Namen verdient, muss das Gegenteil tun: Sie muss das, was die Individuen nicht selbst regeln können – z. B. die Finanzmärkte –, steuern. Gleichzeitig muss sie sich zurückhalten und die Erwachsenheit und Würde ihrer Bürgerinnen und Bürger respektieren – denn diese ist die unabdingbare Grundlage von Demokratie.

21. Über Müßiggang

Wiener Journal – Wiener Zeitung: Müßiggang ist aller Laster Anfang – was sagen Sie dazu?

Robert Pfaller: Der Satz stammt wohl aus einer Mangelgesellschaft. In der komplexen Überflussgesellschaft, in der wir leben, wird hingegen wohl das meiste Übel durch Überbetätigung angerichtet – und durch den Verlust der Fähigkeit, auf würdevolle Weise und glücklich Zeit zu verlieren. Ich bewundere manchmal, mit welcher Langsamkeit und Gelassenheit ältere Männer aus der Türkei sich auf der Straße bewegen. Der Philosoph Aristoteles hat so etwas als Zeichen von Vornehmheit betrachtet.

Woher kommt das Streben des Menschen, permanent tätig zu sein und dafür möglichst anerkannt zu werden (mit Geld oder sozialen Belohnungsformen)?

Man kann hier nicht von einer anthropologischen Konstante sprechen. In anderen Kulturen ist (oder war) das anders. Aber auch für die Angehörigen der adeligen Klasse war Arbeiten etwas Vulgäres – andere Betätigungen wie z. B. Jagen freilich nicht. Der Philosoph Blaise Pascal schreibt im 17. Jahrhundert, das ganze Elend des Menschen rühre daher, dass er unfähig sei, ruhig in einem Zimmer zu sitzen. (Auch hier übrigens ein Unterschied zwischen Kulturen: Menschen, die mehr im Freien sitzen, bringen das ruhige Sitzen offenbar leichter zustande.) Seine Begründung: Wir brauchen Ablenkung, weil uns sonst nichts daran hindert, an uns selbst zu denken – was uns notwendigerweise unendlich traurig macht. Wir können daraus schließen: Um ein bisschen Ruhe geben zu können, müssen wir mit den traurigen Tatsachen des Lebens – unserer Sterblichkeit, aber auch den Grenzen unserer Lust- und Leistungsfähigkeit – Frieden geschlossen haben. Wenn wir dagegen den Tod nicht wahrhaben wollen, verfallen wir in Leistungspanik.

Ist die Strebsamkeit eine christlich-europäische Erfindung? Es gibt ja Völker, die viel gelassener ihren (Arbeits-)Tag gestalten …

Die Beschleunigung ergibt sich aus der kapitalistischen Produktionsweise und der für sie typischen subjektiven, juristischen Begleiterscheinung – vertragsfähiger, eigenverantwortlicher Bürger. Der Soziologe Max Weber vertrat darum 1905 die These, dass der Kapitalismus sich aus dem protestantischen Geist entwickelt habe. Weber selbst räumt allerdings ein, dass dieser Geist so verinnerlichend, so verschwendungs-, ornament- und ritualfeindlich sei, dass er seine eigenen christlichen Spuren völlig tilgen kann – so dass auch er selbst am Ende unter Umständen nicht mehr weiß, dass er ein christlicher Geist ist. Heute wird also fast auf der ganzen Welt gehetzt, ohne großen Unterschied der spezifischen religiösen Hintergründe.

Unsere Gesellschaft definiert sich über Produktivität: Wer viel verdient, ist mehr wert. Dazu muss er oder sie aber viel arbeiten. Wie könnte eine alternative Gesellschaft aussehen, die Müßiggang berücksichtigt?

Nicht alle, die viel verdienen, sind auch produktiv. Das hat schon Karl Marx über die Kapitalisten klassischen Typs bemerkt: Da gab es gepflegte Müßiggänger, die sehr gut von ihren Kapitalerträgen lebten, während die Arbeiter mit 30 Jahren arm und totgeschuftet krepierten. In den letzten Jahren wiederum haben bekanntlich Leute am meisten verdient, die mit luftigen Dingen – wie Erwartungen von Erwartungen – gehandelt haben. Das war zwar kaum produktiv, aber sehr einträglich – wenn auch freilich meist mit sehr viel Hektik verbunden.

Ich glaube, das ist überhaupt das Neue und Charakteristische unserer Epoche: die unproduktive Hektik. In jeder Fernsehsendung zum Beispiel ist die Zeit wahnsinnig knapp; alles darf nur wenige Sekunden dauern – angeblich, weil die Zuschauer sonst wegschalten. Aber vielleicht schalten die ja nur deswegen so leicht weg, weil nichts seine Zeit bekommt und dadurch nichts wirklich interessant wird. Auch an den Universitäten wird seit kurzem fürchterlich gehetzt. Studierende müssen dauernd Fristen einhalten – so als ob das irgendeinen produktiven Sinn hätte; als ob wir etwa dringend pünktliche Literaturwissenschaftler bräuchten. Und man macht Stress, indem man kontrollierende Maßnahmen zur sogenannten »Qualitätssicherung« ergreift. Genau diese Maßnahmen selbst aber senken an den Universitäten die Qualität. Freilich sind sie nicht subtil genug, um diese ihre eigene Kontraproduktivität selbst erfassen zu können. Man müsste versuchen, in Zukunft diese gigantische unproduktive Hektik und Verschwendung wieder in echte Muße zu verwandeln.

Wenn in der Antike Philosophen Muße und Faulheit lobten, waren sie sich sicher, dass ihre Sklaven alle Arbeit erledigten und sie Zeit fürs Philosophieren hatten. Wenn man also keine Sklaverei mehr einführen will, wie verteilt man Arbeit und Freizeit besser als dies heute passiert?

Ich glaube, es wäre schon viel an Muße gewonnen, wenn es uns gelänge, von der jetzigen unproduktiven Hast zum gemäßigteren Tempo wirklicher Produktivität zurückzukehren.

Dabei würde auch sofort deutlich werden, dass vieles, was jetzt als müßig und unnötig diffamiert wird, in Wahrheit produktive Mußeelemente, die nötigen Umwege jeder Produktivität, sind. Zum Beispiel ist es an der Universität kein entbehrlicher Luxus, wenn Studierende, anstatt permanent ihren Lehrern gegenüberzusitzen oder dauernd Prüfungen abzustottern, ganze Bücher lesen.

Wie finanziert man seine Faulheit/Muße – und wie kann man sie folglich rechtfertigen?

Da gibt es verschiedene Strategien. In ihrer vielbeachteten Studie über aktuell grassierende Strategien der Faulheit hat Corinne Meier hämisch empfohlen, in Unternehmen immer »die überflüssigsten Positionen« wie Gutachten, Beratung oder Beobachtung zu besetzen. Mir dagegen erscheint es lohnender, Arbeit zu suchen, mit der man ausreichend Geld verdient und an deren Produkten man sich freuen kann. Fast jede Arbeit dieser Art hat ihr eigenes Tempo und mithin ihre eigene Muße. Versucht man sie schneller zu verrichten, dann macht man sie schlecht.

Faulheit war oft Antriebsfeder für Erfindungen, die den Menschen Arbeit ersparen sollten. Trotz Computer, Handys, Autos, Waschmaschinen etc. scheint der Druck auf den einzelnen Menschen heute schlimmer denn je. Wie kommt man aus diesem Teufelskreis wieder heraus? Können Sie ein paar Tipps geben, wie man wieder mehr Gelassenheit/Muße/Faulheit in sein Leben eingliedert – und das auch genießen kann?

Tatsächlich sind wir heute oft nichts als die Servomechanismen unserer Hilfsmittel – und werden von diesen gestresst anstatt entlastet. Gegen solche dienstbare Hyperaktivität und »Hyperkonnektivität« helfen, wie der Philosoph Christoph

Türcke richtig bemerkt, wohl nur Riten der Unterbrechung. Allerdings sind diese Riten meist an den Gebrauch schädlicher Substanzen gebunden – man geht auf einen Kaffee, trinkt zusammen ein Glas Wein oder raucht eine Zigarette. Aus hyperaktiver Sorge um unsere Gesundheit verbietet man uns derzeit solche Dinge zunehmend – wenn wir sie uns nicht sogar selbst versagen. Dann müssen wir allerdings zu einer noch gefährlicheren Unterbrechungssubstanz greifen – der Philosophie. Wir müssen es uns wieder zur Gewohnheit machen, uns ab und zu die Frage zu stellen, wofür es sich eigentlich zu leben lohnt. Wenn wir uns das ab und zu fragen, dann werden wir wieder beginnen, schlechtes Leben mehr zu fürchten als den Tod, und gutes Leben einem effizienten, leistungsstarken Leben vorzuziehen.

22. Über den Tod

Christian Granbacher: Welche Werte treten Ihrer Meinung nach in den Vordergrund, wenn Menschen eine Krankheit ohne Heilungschancen diagnostiziert bekommen?

Robert Pfaller: Abgesehen vom Wunsch, gesund zu werden, haben gerade auch schwerkranke Menschen oft den Wunsch nach einer kleinen Portion Leben, sei es ein Glas Bier, eine Zigarette oder eine Umarmung. Meist wird ihnen diese kleine Freude aber unter Verweis auf die Gesundheit verweigert. Sogar bei hoffnungslosen Fällen. Man sollte nicht übersehen, dass es für Leute, die wissen, dass sie bald sterben müssen, wichtig ist, sich noch einmal, wenigstens im Kleinen, das Gefühl verschaffen zu können, dass sie ein Leben gehabt haben.

Bedeutet das, Menschen, die auf ein erfülltes Leben zurückblicken, können den Tod besser akzeptieren als jene, denen wenig Positives einfällt, wenn sie ihr Leben Revue passieren lassen?

Ja. Denn was wir oft fälschlich als Todesfurcht wahrnehmen, ist in Wahrheit die Befürchtung, überhaupt nicht gelebt zu haben.

Besonders bitter ist, wenn todkranke Menschen sich knapp vor ihrem Lebensende eingestehen müssen, Fehler gemacht zu haben, durch die ihre Lebensqualität über Jahrzehnte hindurch drastisch verringert wurde, beispielsweise eine Frau, die erkennen muss, 40 Jahre lang mit dem »falschen« Mann verheiratet gewesen zu sein.

Welche Motive führen Ihrer Erfahrung nach dazu, wichtige und einschneidende Lebensentscheidungen, wie etwa einen Berufswechsel oder eine Trennung, permanent aufzuschieben?

Sich die Frage zu stellen, wofür es sich zu leben lohnt, schützt vor solchen Fehlentscheidungen. Es bedeutet aber auch, dem Tod ins Auge zu sehen. Darum drücken sich viele Menschen verständlicherweise vor dieser Frage und betreiben ihr ganzes Leben als eine Art »Prokrastination« – also das permanente Vorschieben von Nebenbeschäftigungen vor die Dinge, die ihnen wirklich wichtig sind.

Allerdings sollte man nicht übersehen, dass Menschen zum Leben immer auch eine zweite, geträumte Welt nötig haben, die sie in ihrer ersten Welt leben lässt. So träumt der opportunistische Politiker, er wäre insgeheim ein großer Rebell; und der Schriftsteller, der vom Verfassen kitschiger Romane lebt, mag sich insgeheim vorstellen, er wäre ein avancierter Lyriker. Darum ist es vielleicht auch notwendig, um mit einem bestimmten Menschen lange Zeit gut leben zu können, ständig zu träumen, er wäre ganz der Falsche.

Sie meinen, es genügt nicht, sich mit dem Partner zufriedenzugeben, den man hat, sondern man stellt die Beziehung in Frage, um sie interessanter und lebendiger zu empfinden, als sie in Wahrheit ist?

So, wie manche Leute nur mit dem Leben oder mit ihrem Job zurechtkommen, indem sie ständig mit dem Gedanken an Selbstmord oder Kündigung spielen, kommen manche auch mit ihren Partnern nur zurecht, indem sie immer wieder an Trennung denken. Das ist vielleicht nicht die lustvollste Methode, vor allem dann nicht, wenn es den Leuten nicht als Trick bewusst ist. Aber wirksam ist es durchaus: »*Wer raunzt, bleibt*«, sagt man in Wien.

Gehen Sie davon aus, dass Menschen, die sich über ihr unmittelbar bevorstehendes Lebensende bewusst sind, mehr Ehrlichkeit gegenüber sich selbst und anderen zugestehen und für sie Faktoren wie die soziale Erwünschtheit und Angepasstheit tendenziell an Bedeutung verlieren?

Das kann man tatsächlich oft beobachten. Freilich gibt es auch das Gegenteil, wie beispielsweise Leute, die plötzlich religiös werden. An den Tod zu denken scheint mir nur in dieser einen Hinsicht sinnvoll, um sich die Frage zu stellen: Was muss ich tun, damit das, was vor meinem Tod kommt, ein Leben genannt werden kann? Zum Leben genügt es ja nicht, bloß in einem biologischen oder medizinischen Sinn lebendig zu sein. Denn nur in Bezug auf lebende Wesen stellen wir uns überhaupt die Frage: Ist das ein Leben?

Weshalb gibt es Wünsche oder Genüsse, deren Verwirklichung wir uns erst und nur im Wissen um den unmittelbar bevorstehenden Tod gönnen?

Der Aufschub, den Sie beschreiben, kommt nur zustande, wenn wir vergessen, uns die Frage zu stellen, wofür es sich zu leben lohnt. Wenn wir sie dagegen stellen, dann ist uns klar, dass wir morgen tot sein können, und dann wird jeder Moment des Lebens so kostbar, dass er nicht für Aufschub verschwendet werden darf.

Für viele gibt es in diesem Zusammenhang aber das Dilemma, in einem eigentlich verhassten oder langweiligen Beruf, in einer alles vereinnahmenden Beziehung oder sonstigen Aufgaben »gefangen« zu sein, so dass letzten Endes im Alltag wenig Zeit verbleibt, das Leben so richtig in vollen Zügen auszukosten.

Der antike Philosoph Epiktet bemerkte dazu: Über die Dinge, die wir nicht ändern können, brauchen wir uns auch nicht zu ärgern. Achtgeben sollten wir aber dort, wo wir selbst aus eigener Initiative zu Feinden unseres Glücks werden – meist, ohne es zu bemerken.

Zahlreiche Extremsportler, wie beispielsweise Bergsteiger oder Base-Jumper, die körperlich völlig gesund sind, finden offensichtlich Gefallen daran, permanent ihr Leben zu riskieren. Handelt es sich dabei Ihrer Meinung nach um eine gute Methode, Glück und Lebenslust zu steigern, oder sehen Sie darin speziell im Abgleich mit Personen, die an unheilbaren Krankheiten leiden, eher eine Geringschätzung des eigenen Lebens?

Mir fällt hier vor allem eine Diskrepanz in der Gegenwartskultur auf. Wenn wir heute jemanden rauchen sehen, befällt uns sofort Todesangst. In unseren Freizeitbeschäftigungen hingegen machen wir fast nur noch Dinge, bei denen wir uns mindestens das Genick brechen können. Ich glaube, der Zusammenhang zwischen diesen beiden Momenten, der übersteigerten Todesfurcht und der seltsamen Waghalsigkeit, ist folgender: Wenn wir nicht zu leben wissen, sondern ständig nur bemüht sind, das Leben zu erhalten, dann benötigen wir die Todesnähe, nämlich um uns dessen zu versichern, dass wir am Leben sind. Wer dagegen genießen kann, braucht den Tod nicht, um zu spüren, dass er lebt.

Inwieweit haben sich unsere Strategien, das Leben auszukosten und zu genießen, Ihrer Meinung nach in den letzten 30 Jahren verändert?

Vor 30 Jahren waren wir noch in der Lage, das Glück des anderen als etwas solidarisch Teilbares zu erleben. Wenn der andere höflich war, sich gut kleidete oder zum Beispiel rauchte, dann hatten wir das Gefühl, der macht das aus Pflichtgefühl gegenüber seiner Rolle in der Öffentlichkeit, er macht es, um mir angenehm zu sein und mich nicht mit seinen privaten Macken zu behelligen. Heute, da wir den anderen nicht mehr in seiner öffentlichen Rolle, sondern als Privatperson wahrnehmen, hassen wir ihn für seine Eleganz und seinen Genuss. Wir glauben, er machte es aus Neigung, nicht aus Pflicht, und er würde darum auf unsere Kosten genießen.

Auch wir selbst empfinden die Tatsache, dass Geselligkeit mit einem Gebot zum Genuss verbunden ist, also zum Beispiel mit den anderen ein Glas zu trinken oder freundlich und unterhaltsam zu sein, zunehmend als unerträgliche Vorschrift. Wir wollen nur noch die Genüsse, die wir selber wollen, nicht die, die uns durch andere nahegelegt werden. Leider ist aber zu bemerken, dass es wegen der zuvor beschriebenen unguten Dimension, die jedem Genuss anhaftet, kaum Genüsse gibt, die wir selber wirklich wollen. Zum Genuss brauchen wir die Gesellschaft und öffentliche Räume, die als solche funktionieren und nicht privaten Wünschen und Interessen unterworfen werden.

23. Über Pseudopolitik

Hanko Uphoff und Johannes Richardt: In dem heute verbreiteten Bestreben, das eigene Selbst gegenüber den Normierungen durch die Gesellschaft zu behaupten, sehen Sie die Gefahr, wir könnten den Zugang zueinander verlieren. Ist dieses Streben nach Authentizität tatsächlich gleichbedeutend mit der Zurückweisung aller durch Andere etablierten sozialen Rollen? Kann nicht auch im öffentlichen Engagement eine gewisse Aufrichtigkeit liegen?

Robert Pfaller: Mir fällt auf, dass die Leute dank dieser Pseudopolitik immer lieber etwas sein als etwas haben wollen. Sie kämpfen eher für die Anerkennung ihrer Eigentümlichkeiten als für Gleichheit. Wenn der Begriff der Authentizität in Bezug auf politisches Handeln überhaupt einen Sinn hat, dann bezeichnet er aber mit Sicherheit das Gegenteil dieser Haltung. Authentisch ist politisches Engagement nicht dann, wenn es die Gesamtheit meiner individuellen Besonderheiten ausdrückt, sondern umgekehrt dann, wenn es das Allgemeine in mir zur Geltung bringt: wenn ich mich nicht selbst befreien kann, ohne damit zugleich alle Anderen zu befreien.

Die Aufklärung sieht im Vernunftgebrauch den Weg zu Unabhängigkeit und Souveränität. Sie plädieren dafür, auch das Unvernünftige wieder ins Leben zu integrieren. Was spricht für diese Forderung und wie sind diese beiden Positionen vereinbar?

Es ist ganz einfach: Wenn wir ständig nur vernünftig sind, verderben wir uns das Leben. Und das ist das Allerunvernünftigste. Wirklich vernünftig sein, heißt darum, die Vernunft verdoppeln und mäßigend auf sich selbst anwenden: auf vernünftige Weise vernünftig sein. Wenn wir auf diese Weise vernünftig sind, dann können wir uns auch die eine oder andere heitere Unvernunft durchaus gönnen. Alles andere führt in rabiate, finstere Pseudovernunft – in die bekannten »Dialektiken der Aufklärung«.

Verschiedene Beobachter meinen heute eine zunehmende Sexualisierung der Gesellschaft zu erkennen, die keinerlei Grenzen und Tabus mehr anerkennt. Demgegenüber sehen Sie die Gesellschaft vielmehr durch Postsexualität bestimmt. Was meinen Sie damit und wie begründen Sie diese Einschätzung?

Es gibt immer mehr Menschen, die öffentlich behaupten, dass sie keinen Sex haben und auch keinen brauchen – gleichgültig, ob wir das wissen wollten oder nicht. Es ist die Sexualfeindlichkeit, die heute keine Tabus mehr respektiert. Ihr spielt es in die Hände, dass der Sex heute kaum noch in seinen faszinierenden Gestalten, sondern fast nur noch in seinen grellen, abstoßenden Zerrbildern, z. B. in der Pornographie oder in Realityshows, zur Darstellung gelangt. Es verhält sich wie in Heinrich Heines schöner Erzählung »Götter im Exil«: Jene Götter, die wir nicht mehr verehren, kehren uns als unansehnliche Dämonen wieder.

Die Öffentlichkeit soll auch ein Forum für kritische Diskussionen über allgemeine Belange bieten. Werden wir diesem Ideal heute noch gerecht und falls nicht, wo muss man ansetzen, um dieses wieder anstreben zu können?

Zum Beispiel, indem wir diese Debatte über Bevormundungspolitik beginnen und zeigen, dass es Leute gibt, die sich nicht alles gefallen lassen und die fordern, dass sich Politik wieder um die Dinge kümmert, für die sie eigentlich zuständig ist: Sie hat zum Beispiel dafür zu sorgen, dass in Zukunft nicht mehr Millionen Menschen in Europa in Armut und Arbeitslosigkeit getrieben werden können durch rücksichtslose Banken. Das sind die allgemeinen Belange, denen wir in der Öffentlichkeit Priorität verschaffen müssen. Alles, was davon ablenkt, müssen wir bekämpfen.

Sie diagnostizieren der Gesellschaft einen Hang zur Paranoia. Wenn wir uns davon befreien wollen, müssen wir dann bei der Politik oder bei den Menschen ansetzen?

Paranoia besteht darin, dass Dinge nicht relativiert werden können: Wenn zum Beispiel alles sofort der Sicherheit geopfert werden muss – auch die Bürgerrechte, die Würde der Individuen etc. Die Befreiung von der Paranoia umfasst beide Ebenen: Einerseits müssen wir für eine Politik kämpfen, die Prioritäten besonnen abwägt, anstatt Panik zu verbreiten; für eine Politik, die den Leuten signalisiert: »Ihr seid erwachsen. Ihr seid durchaus in der Lage, eure Befindlichkeiten ein Stück weit hintanzuhalten.« Andererseits müssen wir uns selbst in jenen »Unterbrechungsriten« üben, das heißt, in jenen Praktiken wie z. B. Kaffee-, Bier- oder Rauchpausen, in denen wir uns die Frage stellen, wofür es sich zu leben lohnt. An dieser Frage relativieren sich alle Paniken.

In Ihrem Werk sprechen Sie von Pseudopolitik. Was meinen Sie damit, und wie kommt es, dass wir diese Form von Politik offenbar bereitwillig akzeptieren?

Pseudopolitik besteht darin, die Interventionskraft des Staates und die Aufmerksamkeit der Menschen ständig vom Großen auf das unbedeutende Kleine abzulenken: von der Bankenkrise, die die Steuerzahler ruiniert hat, hin zum

Neid auf den Nachbarn, der vielleicht ein Bier trinkt und dadurch womöglich unsere Gesundheitsfonds belastet. Anstatt die gefährlichen, zerstörerischen Kräfte des Kapitalismus zu zähmen, beschäftigt sich die Pseudopolitik nur noch damit, die Individuen gegeneinander aufzubringen und sie durch Vorschriften und Warnhinweise wie Minderjährige zu schikanieren.

Vor allem die EU-Politik kritisieren Sie dafür, dass sie sich bei der Gestaltung der Gesetze stets die Schwächsten der Gesellschaft zum Maßstab nimmt. Woher kommt diese Sorge um die »unendlich Schwachen« und wie wirkt sie sich auf Freiheit und Eigenverantwortlichkeit aus?

Die EU-Politik möchte, dass wir uns alle schwach fühlen, und sie tut so, als würde sie dafür sorgen, dass es den Schwachen gutgeht – wenigstens, indem sie Dinge verbietet, die irgendwelche Schwachen oder Empfindlichen stören könnten. Freilich tut sie aber so gut wie nichts für die Millionen Griechen oder Spanier, die arbeits- und obdachlos geworden sind. Echte Politik hingegen besteht darin, dafür zu sorgen, dass niemand schwach ist.

Eigenverantwortlichkeit ist ein zwiespältiger Begriff: Genau jene Individuen, denen man keinen mündigen Umgang mit ihren Genussmitteln zutraut, möchte man nämlich umgekehrt verantwortlich machen für ihre Krankheiten und ihr soziales Scheitern. Auch hier ist die EU-Politik wieder pedantisch im Kleinen und fahrlässig im Großen.

Sie sind Mitbegründer der Initiative »Mein Veto! – Bürger gegen Bevormundung«. Gegen welche konkreten Formen der Bevormundung richten Sie sich damit, welche Forderungen stellt die Initiative an die Politik und wie können wir uns für deren Durchsetzung engagieren?

Die Initiative »Mein Veto!« in Österreich wurde von einer Werbeagentur ins Leben gerufen; zusammen mit Anderen bin ich einer der Erstunterstützer. Ich selbst habe soeben mit einigen weiteren Intellektuellen eine EU-weite Initiative ins Leben gerufen. Sie heißt »Adults for Adults. Citizens against Patronizing Politics«. Beide Initiativen wenden sich gegen drei Aspekte aktueller Politik in der EU: erstens gegen Bevormundungspolitik – also dagegen, dass Erwachsene anderen Erwachsenen Vorschriften machen, als ob diese Minderjährige wären. Dabei sind sie von diesen angeblich Unmündigen ja schließlich gewählt worden. Zweitens gegen Biopolitik – dagegen, dass die Gesundheit der Individuen zur ausbeutbaren Ressource gemacht wird und die Bürger dem Staat plötzlich Gesundheit schulden sollen, anstatt von ihm Unterstützung im Krankheitsfall erwarten zu dürfen. Die Frage aufzuwerfen, was Menschen kosten, ist eine infame und äußerst gefährliche Maßnahme. Drittens gegen Pseudopolitik. Wir dürfen nicht zulassen, dass Politik vom Großen, für das sie zuständig ist, auf das Kleine ablenkt, das wir durchaus selbst regeln können. Hier ist viel zu tun. Denn pseudopolitische Agenten verbreiten sich durch die Bürokratisierung rasant in der ganzen Gesellschaft. Sie sitzen nicht nur ganz oben, sondern oft schon im nächsten Büro.

24. Über Humor und Urbanität

Alexandra Kedves: »Urbanität als eine räumliche Qualität und eine menschliche Tugend« lautet der Untertitel Ihrer Keynote. Sie beziehen sich auf Cicero und Quintilian, die Urbanität als rhetorische Brillanz und Schlagfertigkeit definierten. Heute sehen Sie in der Trennung zwischen Privatperson und öffentlicher Rolle im urbanen Raum wiederum die Notwendigkeit zum Humor: Humor als Grundlage zum urbanen »Roleplaying« sozusagen. Können Sie das näher erläutern?

Robert Pfaller: Mit dem Freudschen Begriff des Humors habe ich ein Selbstverhältnis bezeichnet, das in der Fähigkeit zur liebevollen Selbstdistanzierung besteht. Wer Humor hat, muss nicht dauernd zwanghaft er oder sie selbst sein; muss nicht fanatisch darauf beharren, in der Öffentlichkeit als das adressiert zu werden, was er oder sie wirklich (d.h. im eigenen Erleben) ist; und kann sich auch die eine oder andere kleine charmante Verspieltheit, Verrücktheit oder Großzügigkeit leisten.

Wieso muss die Distanz zur öffentlichen Rolle humoristisch gefasst sein?

Das bedeutet nicht, dass die Rolle, die man in der Öffentlichkeit spielt, notwendigerweise komisch oder für andere erheiternd sein müsste. Humor bedeutet nach Freud lediglich, dass man ein distanziertes Über-Ich hat, aus dessen Perspektive man liebevoll lächelnd auf das eigene Ich herunterblicken kann – etwa so, wie ein Erwachsener auf ein Kind – und das es einem erlaubt, nicht alles ganz so ernst zu nehmen wie dieses Ich. Gegenwärtig hingegen haben die meisten Leute ein absolut distanzloses Über-Ich: Dieses umlagert das Ich sozusagen wie ein konzentrischer Kreis und übt einen tyrannischen Druck auf dieses aus: »Sei authentisch!«, »Dulde nichts, was nicht ganz du selbst bist!«, »Genieße!« etc. Die Folgen sind Unfähigkeit zum Genuss, Erschöpfung, Depression, Ängstlichkeit, Hass auf das Glück des Anderen und politischer Beuteverzicht.

Ist es nicht so, dass gerade öffentliche Personen ganz und gar nicht selbstironisch oder distanziert, nicht »mit Humor« auf ihre Persona und die Wahrnehmung ihrer Persona schauen? (z. B. Politiker)

Das ist richtig. Es ist allerdings auch die Folge einer bestimmten Medienmacht, die verstärkt die völlig irreführenden Fragen nach dem »Image«, dem »Spin« oder der »Authentizität« der Politiker in den Vordergrund stellt.

In Ihren jüngsten Büchern analysieren Sie (auch) den Verlust von Großzügigkeit, Befreiung, Genuss – ist dies mit dem Verlust von Humor im öffentlichen Raum verknüpft? Oder ist nicht, umgekehrt, der humoristische Blick auf sich selbst auch ein calvinistischer, sich einschränkender?

Humor haben heißt, solche öffentlichen Genussgebote und Rollenzuschreibungen annehmen können. Wer keinen hat, beharrt fanatisch auf dem eigenen Ich oder dessen vermeintlichen Bestimmungen und wird damit zum Spielverderber. Die protestantische Genussfeindlichkeit scheint mir aus einem tyrannischen, distanzlosen – mithin humorlosen – Über-Ich herzurühren.

Können Sie den Zusammenhang mit der »organischen« Solidarität (Durkheim) beschreiben?

Das Abschütteln öffentlicher Rollen und das Beharren auf dem eigenen, vermeintlich authentischen Selbst wurden nach 1968 lange als befreiende Strategie gesehen. Richard Sennett hat dem allerdings bereits 1974 mit sehr guten Argumenten widersprochen, und heute, unter neoliberalen Verhältnissen, ist, wie ich meine, gut zu erkennen, wie sehr er damit recht hatte. Dieser Hass auf die vermeintliche »Entfremdung« durch die gesellschaftliche Rolle zerstört das Allgemeine an uns; nicht nur unsere Glücksfähigkeit und Zivilisiertheit, sondern auch unsere Existenz als politische Bürger. So kommt es, dass viele emanzipatorische Initiativen heute ihre Ansprüche lediglich auf die nestwarmen »Communities« der Gleichgesinnten oder Gleichorientierten beschränken. Sie haben aufgehört, im größeren Horizont der Gesellschaft zu denken, deren Solidarität nicht darauf beruht, dass man mit Anderen »mechanisch« ein bestimmtes Merkmal der Zugehörigkeit teilt, sondern an der man in viel abstrakterer Weise »organisch« teilhat, ohne Rücksicht auf Herkunft, Orientierung etc.

Wo sehen Sie die Gefahren des urbanen Raumes?

Die größten Gefahren gehen meines Erachtens von den antiurbanen Räumen aus, die immer öfter in heutigen Städten eingerichtet werden: Diese Anti-Plätze aktueller Großarchitekturen zum Beispiel, oder auch diese völlig erniedrigenden Durchgangszonen, die man als Cafés oder Restaurants bezeichnet und in Shopping-Malls, Bahnhöfen oder Flughäfen einrichtet. Hier gibt es nicht die geringste Abgeschiedenheit oder Ruhe; man kann nie die Türe hinter sich schließen; niemandem wird die Würde des autonomen Menschen und politischen Bürgers zugestanden.

Die Tagung untersucht die Spielmodelle im urbanen Raum – ergebnisorientierte Lernprozesse versus prozessorientiertem Lernen, kollektives Lernen versus individuelles Lernen, Narrativik (Repräsentation, Plot) versus Game (Simulation, Rules). Betrachten Sie den distanzierenden Humor als Grundlage für diese Reflexionen?

Die spielbasierten Methoden, die hier zum Einsatz kommen, haben ganz unterschiedliche Ziele. Sie können Spiele einsetzen, um in Teilsystemen – etwa der Belegschaft eines Betriebes – einen Prozess in Gang zu bringen, der ohne Spiel nicht zustande käme. Hier wird ein Teil der Welt mit Hilfe eines Spiels verändert. Spiele können aber auch – wie es etwa in dem »Preenaction«-Verfahren der Berliner Gruppe rund um Daniela Kuka versucht wird – Vorhersagen für das Verhalten von Individuen unter veränderten sozialen oder medialen Bedingungen ermöglichen. Hier wird eine ganze, bereits veränderte Welt hypothetisch vorausgesetzt, durchgespielt und in ihren anders nicht antizipierbaren Konsequenzen erfahrbar gemacht. Fernziel dieser Bemühungen aber ist es, jene spielerische Dimension des Urbanen wiederherzustellen, die selbst kein Spiel ist, sondern ein notwendiger Bestandteil zivilisierten Lebens.

Gibt es hierzulande und in der Ära des Internets überhaupt einen genuin nichturbanen Raum, und was sind/wären seine Eigenschaften?

Was derzeit in der Ära des Internets, aber auch bestimmter aktueller gesellschaftlicher Tendenzen am meisten bedroht ist, ist – wie der Philosoph Slavoj Žižek mit Recht betont – nicht der private, sondern der öffentliche Raum. Denn Urbanität und Zivilisiertheit bestehen darin, die Eigentümlichkeiten und Marotten des eigenen Selbst ein Stück weit hinter sich lassen zu können. In einer Ära der totalen Überwachung und Indiskretion aber wird dies niemandem mehr zugestanden. Dieses völlige Verschwinden dessen, was man früher als Takt bezeichnet hat, ist eine Wirkung des gegenwärtig vorherrschenden, sich immer mehr ausbreitenden anti-urbanen Raumes. Die Nicht-Stadt ist nahezu überall; vor allem auch in den meisten Städten.

25. Über Regulierung

Vanessa Gaigg: Sie sind Mitinitiator von meinveto.at. Schlagen Kampfbegriffe wie »Regulierungswut« und »Kontrollwahn« nicht in dieselbe Kerbe wie die neoliberale Politik, die es den Menschen erst gar nicht ermöglicht, echte Wahlfreiheit zu erleben?

Robert Pfaller: Bei »Mein Veto« bin ich nur einer der ersten Unterstützer gewesen. Aber ich habe, zusammen mit Alexandra Ötzlinger, eine zweite, EU-weite Initiative gegründet mit dem Namen »Adults for Adults. Citizens against Patronizing Politics«. Die aktuelle Bevormundungspolitik muss aus folgendem Grund bekämpft werden: Die Interventionsfähigkeit der Politik ist eine begrenzte Ressource. Wenn sie auf die Kleinigkeiten verschwendet wird, die die Individuen sehr gut selbst regeln können, dann geht sie dort verloren, wo die Individuen es nicht können – zum Beispiel bei der Regulierung der Finanzmärkte. Die Regulierungen und Schikanen im Kleinen haben vor allem die Funktion, die Gesellschaft zu entsolidarisieren, indem sie den anderen ausschließlich als Bedrohung – der Gesundheit, der Sicherheit oder der Budgets – wahrnehmbar machen. Dadurch wird der berechtigte Ärger der Leute geschickt abgelenkt und sie fordern von der Politik kaum noch ein, dass sie ihren wirklichen Aufgaben nachkommt. Die Regulierungswut im Kleinen ist darum die Komplizin der Deregulierung im Großen. Die bürokratischen Kleinbeschwichtiger sind die Kollaborateure der neoliberalen Großprofiteure.

Ermöglicht es nicht erst z. B. eine verpflichtende Ganztagsschule oder ein Acht-Stunden-Arbeitstag den Menschen eine echte Wahl zwischen Arbeit und Erziehung oder Arbeit und Freizeit? Oder beziehen Sie sich auf andere Gebiete, wenn von »Regulierungswut« die Rede ist? Wenn ja, auf welche?

Wie gesagt: Klarerweise gibt es Bereiche, die von der Politik reguliert werden müssen. Nicht aber reguliert werden muss das, was erwachsene Menschen selbst durchaus handhaben können. Wenn ich z. B. klassische Musik nicht ertragen kann, dann muss ich eben in Lokale gehen, in denen keine gespielt wird. Dazu braucht man klassische Musik aber nicht generell zu verbieten. Die Regulierungen und Warnhinweise im Kleinen, insbesondere in Bezug auf Fragen der Gesundheit, haben fatale Auswirkungen auf das gesellschaftliche Klima: Sie bewirken, dass alle sich selbst als unendlich schwach und verletzbar, den anderen als permanente Bedrohung oder Beeinträchtigung und das Glück als etwas grundsätzlich nicht solidarisch Teilbares empfinden.

Warum gilt Faulheit als etwas Schlechtes? Warum sind wir böse auf Nichtstuer?

In einer Atmosphäre, in der alle sich aufgrund der entsprechenden Regulierungen, Appelle und Warnhinweise als unendlich schwach und verletzlich empfinden, erscheint ihnen der andere oft als mächtiger »Dieb des Genießens«. Da ist es ganz gleich, ob er zu faul ist oder zu fleißig – immer scheint er etwas zu haben, das wir nicht haben, und er scheint der Grund dafür zu sein, dass wir es nicht haben.

Befördert eine fortschrittliche Gesellschaft Verbote und Zwänge? Kann Fortschritt auch mit mehr Freiheit verbunden sein?

Die politischen Regulierungen, die wir dringend brauchen – z. B. eben der Finanzmärkte –, würden im Leben der Einzelnen kaum spürbar. Eben weil wir keine solchen Regulierungen haben, sind das Lebensglück und die Freiheit von Millionen in Europa bedroht, und durch lächerliche Vorschriften im Kleinen verhöhnt man sie noch zusätzlich. Pseudopolitische Regelungen wirken sich im Individualleben aus. Die Leute sind arbeits- und obdachlos, aber man warnt sie vor dem Rauchen. Eine fortschrittliche, freie Gesellschaft würde sich dadurch auszeichnen, dass sowohl solche Bedrohungen als auch solche Schikanen verschwinden.

Wie wirkt sich der aktuell omnipräsente Leistungszwang auf die Hochschulen und Universitäten aus? Was sind Ihre eigenen Erfahrungen?

Die Universitäten, die vor nicht langer Zeit noch Orte neugierigen Nachdenkens und kritischer Selbstreflexion der Gesellschaft sein konnten, sind heute durchweg repressive Apparate geworden. Studierende wie Lehrende sind permanentem Zwang und ständiger Kontrolle unterworfen. Mindestens 70 Prozent der studentischen Aufmerksamkeit werden durch die Formalitäten des Studiums beansprucht – also z. B. durch die Frage, bis wann welche Prüfungen zu absolvieren sind. Mit Inhalten kann man sich da kaum noch beschäftigen. Darum bringt der Zwang keine vernünftigen Leistungen hervor, sondern verhindert sie. Wir produzieren kaum noch sinnvolle Erfolge, sondern nur Attrappen und bürokratische Aufzeichnungen davon. Studierende kriegen kein Studium mehr, das seinen Namen verdient, sondern nur einen Abschluss – mit dem sie dann wieder meistens nichts anfangen können. Ebenso verhält es sich in der Forschung: Ein Projekt bekommt man nicht zuerkannt, weil man bisher gute Forschungsarbeit geleistet hat, sondern weil man in einem Antrag verspricht, welche zu leisten. Und wenn ein abgeschlossenes Forschungsprojekt evaluiert wird, dann wird wieder nicht die tatsächlich geleistete Forschung evaluiert, sondern nur der Forschungsbericht! Um jemals wieder von den Attrappen zu den Realitäten von universitärer Produktivität zu gelangen, ist darum eine radikale Entbürokratisierung der Universitäten und Forschungsförderungsinstitutionen notwendig.

26. Über das Spiel

Andreas Tobler: In Ihrem Buch »Wofür es sich zu leben lohnt« gehen Sie an zentraler Stelle auf eine These des niederländischen Kulturtheoretikers Johann Huizinga ein, derzufolge das Spiel »am Ursprung jeglicher Kultur« steht. Was macht das Spiel so bedeutend für unsere Kultur?

Robert Pfaller: Huizinga stellt fest, dass nur das Spiel fähig ist, Menschen in exzessive Begeisterung zu versetzen: Babys krähen vor Vergnügen, tausendköpfige Mengen geraten in Raserei etc. Diese absolute Begeisterung nennt Huizinga den »Heiligen Ernst« des Spiels. Spielen heißt darum, eine radikale Unterbrechung gegenüber jener profanen Alltagswirklichkeit herstellen, in der wir immer nur mäßig erfreut oder mäßig betrübt sind.

Auffällig ist hier auch, dass das Spiel sich auf sehr mächtige Weise im Alltag Geltung verschafft: Bei größeren Skirennen zum Beispiel legen in Österreich ganze Belegschaften regelmäßig die Arbeit nieder; was sie etwa bei Lohnkämpfen nur sehr selten tun. Aufgrund dieser mächtigen, zwingenden Unterbrechungsfunktion gegenüber dem Profanen und wegen der entsprechenden Feierlichkeit betrachtet Huizinga das Spiel als Ursprung aller Kultur – von Kunst und Sport ebenso wie von Religion.

Was macht das Spiel für uns lustvoll? Und warum schauen wir so gerne anderen Menschen beim Spielen zu (im Theater und/oder im Sport)?

Das Lustprinzip des Spiels besteht, wie Huizinga bemerkt, in einer »Illusion« (wörtlich: Ein-Spielung): in einem bestimmten »als ob«, das allen Spielen zugrunde liegt. Man tut zum Beispiel so, als ob es unendlich wichtig wäre, dass »das Runde im Eckigen« landet (beim Fußball); oder man tut so, als ob man beim Untergang der Titanic zusehen könnte; oder so, dass man hätte glauben können, beim Zaubertrick im Varieté geschähen übernatürliche Dinge. Es handelt sich dabei immer um das Ausgestalten einer Illusion, die nicht unsere eigene ist – und von der im Übrigen schwer zu sagen ist, wem sie sonst gehört bzw. wer sonst an sie glaubt: eine Einbildung ohne Eigentümer, sozusagen.

Auch das Zuschauen ist selbst ein Spiel dieser Art: Vor dem Fernseher feuern wir unsere Sportstars an und rufen ihnen hilfreiche Hinweise zu; wir müssen die Spiele und Rennen auch immer live verfolgen, weil wir nur auf diese Weise so tun können, als würden wir den Spiel- oder Rennverlauf beeinflussen. Darum sind wir auch beim Zuschauen von »Heiligem Ernst« erfasst.

Wir können Spiele als Zuschauer oder als Mitspieler erleben. Ist das zweimal das Gleiche oder gibt es zwischen diesen beiden Formen des Spiel-Erlebnisses einen fundamentalen Unterschied?

Hier sind immer mehrere Spiele zugleich am Werk. Manche beruhen auf demselben »als ob« für Spieler wie Zuschauer: Es ist scheinbar unendlich wichtig, wo der Ball landet; man tut so, als ob die eigene Mannschaft die größte wäre etc. Andere Teile aber unterscheiden sich oder stehen sogar im Gegensatz zueinander: So müssen oft Fußballer die Fans bitten, keine Gegenstände oder Raketen aufs Spielfeld zu schleudern; manche Fans stehen mit dem Rücken zum Spielgeschehen; militante Fangruppen verabreden sich zu Prügeleien und bemerken in ihren Internetforen, dass sie zu dieser Art von

Freude am Sport gar kein Match brauchen. Es gibt diesbezüglich auch einen Wettbewerb um mediale Aufmerksamkeit zwischen Spielern und Fans. Beide Seiten entwickeln immer aufwendigere Tricks (z. B. beim Torjubel) und Choreographien, um länger ins Fernsehen zu kommen.

Eine zweite These von Huizinga besagt, dass es im großen Bogen der Menschheitsgeschichte »eine eigenartige Tendenz zum Rückzug bzw. Verlust des Spiel-Elements« gibt. Wenn man sich gegenwärtig umblickt, gewinnt man den gegenteiligen Eindruck: Das Spielen von Computergames ist zu einer alterslosen Freizeitbeschäftigung geworden, und durch »Gamification« werden wir an bisher spielfreien Orten zum Spielen animiert. Woran machen Sie den Rückzug bzw. Verlust des Spielerischen fest?

Die Spiele, die Huizinga im Blick hat, sind Spiele der Geselligkeit. Sie beruhen auf kollektiven Geboten, den profanen Alltag zu unterbrechen (à la »Sei kein Spielverderber«): etwa Karneval zu feiern oder gemeinsam auf ein Bier zu gehen oder sich elegant, bunt und aufwendig zu kleiden etc. Diese Spiele sind wohl tatsächlich im Rückgang begriffen: Wir gönnen uns immer weniger Unterbrechungen, kleiden uns entweder professionell mausgrau oder aber profan formlos bis freakig. Diese Entwicklung kann man wohl als einen Verinnerlichungsprozess oder, wie Max Weber sagt, als »Entzauberung der Welt« bezeichnen; der Heilige Ernst des Spiels befindet sich hier überall auf dem Rückzug gegenüber dem profanen Ernst des Alltags.

Die Spiele hingegen, die wir aktuell auf dem Vormarsch sehen, haben andere Merkmale: Sie sind meist nicht gesellig, sondern beruhen auf dem individuellen Rückzug aus der Gesellschaft; sie unterbrechen den Alltag nicht, sondern besetzen die Zwischenräume, die Poren des Alltags. Genau dadurch übrigens sind sie so gefährlich und tendieren dazu, die Leute süchtig zu machen: Denn Sucht entsteht offenbar überall dort, wo die kollektive Dimension verlorengeht und die Unterbrechungsfunktion eines Rituals darum scheitert.

Wie ist dieser Rückzug bzw. Verlust des Spiel-Elements zu erklären?

Das ist eines der schwierigsten Probleme, die Huizinga aufwirft. Wohl hauptsächlich, weil er keine Erklärung dafür findet, erklärt er sein Buch »Homo ludens« für unvollendet. Man muss anderswo suchen. Wenn man sich an den von Huizinga bemerkten zwingenden Charakter des Spiels sowie an das »als ob« hält, kann man an diesem Punkt Freuds Theorie der Zwangshandlungen zu Hilfe nehmen: Zwang beruht, Freud zufolge, immer auf Ambivalenz. Und Ambivalenz, das heißt: Die Gleichzeitigkeit von Hass und Liebe in ein und derselben Aktion entsteht durch das »als ob«: Ich weiß ja zum Beispiel, dass die Illusion des Spiels Blödsinn ist – ich verachte sie also; andererseits gefällt es mir, sie aufzubauen oder zu unterstützen – also habe ich auch ein liebevolles Verhältnis zu ihr.

Wenn wir Spiele somit als Zwangshandlungen begreifen können, dann gilt für sie auch das, was Freud an Letzteren ebenso wie an »Religionsübungen« beobachtet hat: die Tendenz zur Miniaturisierung. Es fängt zum Beispiel an mit einem langen Satz von der Form »Gott schütze ihn«, aber bald schon muss abgekürzt werden »G. s. i.«; oder erst nehmen Menschen ein rituelles Vollbad, dann aber tauchen sie nur noch eine Fingerspitze in ein Wasserbecken. Diese Dynamik der Verkleinerung kommt Freud zufolge daher, dass die Zwangshandlung eine Abwehr darstellt, in der sich mit fortgesetzter Wiederholung immer mehr das Abzuwehrende durchsetzt. Darum müssen neue, raffiniertere, kleinere Abwehrformen gefunden werden. Es kann sogar so weit kommen, dass totale Verbote (Abulien) die Zwangshandlungen ersetzen. Abstinenzriten, »negative Kulte« im Sinn Émile Durkheims, würden dann an die Stelle der bunten, »positiven Kulte« treten. Das Zwingende des Spiels wäre demnach auch der Grund für jene Dynamik, die zu seinem Verschwinden aus der Kultur führt.

In Ihrem Buch machen Sie das Spiel als etwas stark, das Solidarität erzeugt und zugleich die Individuen souverän macht. Wie funktioniert das?

Spielen heißt, wie Huizinga mit schonungsloser Aufrichtigkeit und gegen seine eigenen Absichten einsieht, vom Spiel völlig gebannt sein und darum alles aufs Spiel setzen müssen (eine These, die in scharfem Gegensatz etwa zu der von Schiller behaupteten Freiheit des Menschen im Spiel steht). Daher die unendlichen Verluste beim Glücksspiel, das Todesrisiko beim Rennfahren etc. Beim Spielen überschreitet man eine Grenze der Verausgabung, vor der man im profanen Leben zurückschreckt. Darum sind Spielende, wie Georges Bataille in seinem Kommentar zu Huizinga bemerkt, souverän. Souverän sein heißt hier, sich einen Moment lang über die Rücksicht auf die Erhaltung des eigenen Lebens und das dafür gebotene Maßhalten zu erheben. Denn die Menschen »dienen« dann nicht ihrem Leben, sondern treten ihm als Herren gegenüber. Wenigstens tun sie – wiederum gemäß der dem Spiel eigenen Illusion – einen Moment lang so, als ob der Champagner unbegrenzt fließen oder man endlos feiern oder Geld ausgeben könnte. Bezeichnenderweise ist gegenwärtig diese souveräne Dimension des Spiels die am meisten angefeindete und im Verschwinden begriffene: Die Ranküne gegen das Rauchen zum Beispiel erachte ich auch als Hass auf die darin zum Ausdruck gebrachte Unbeugsamkeit und Todesverachtung. Wenn die Spiele verschwinden, geht also auch die Souveränität verloren, und die Menschen werden daran gewöhnt, servil und gehorsam zu sein. Sie werden dann zum Beispiel zu peniblen Selbstoptimierern, die sich alles gefallen lassen (außer natürlich Zeichen von Souveränität).

Wahrscheinlich haben wir alle eine Sehnsucht nach großen Gefühlen wie der Liebe. Wie kann man solche großen Gefühle empfinden, wenn man im Spiel alles in souveräner Distanz behält? Oder anders gefragt: Kann man auch in der Liebe spielen und große Gefühle empfinden – souverän und ohne zu täuschen?

Wahrscheinlich muss man diese Gefühle spielen, um sie überhaupt zu haben. Viele Menschen hätten sich wohl niemals verliebt, hätten sie nicht andere über die Liebe sprechen gehört, sagt La Rochefoucauld – man könnte auch sagen: hätten sie keine Liebesromane gelesen oder melodramatische Filme gesehen.

Interessanterweise aber täuschen sich Menschen in diesem Fall gerade dadurch, dass sie meinen, die von ihnen durchschauten Illusionen besäßen keine Macht über sie. Jedoch ist, wie Huizinga hellsichtig erkennt, das Gegenteil der Fall – was man u. a. auch an den milderen, aber doch bemerkenswerten Zwängen zum Weiterspielen am Computer oder zum live-Sportschauen im Fernsehen erkennen kann. Das gilt auch für das Spielen der großen Gefühle. Wenn wir sie spielen, dann werden sie sehr mächtig: »Ich hab mit dem Tod in der eigenen Brust den sterbenden Fechter gespielet«, heißt es bei Heinrich Heine über diese meist zu spät durchschaute Macht der durchschauten Liebes-Illusion.

In jedem Spiel kann man scheitern. Wie gewinnt man im Scheitern wieder spielerische Souveränität? Ist das Spiel etwas, das zur Bewältigung von Krisen taugt?

Ob Spielen uns lehrt, gute Verlierer zu sein, weiß ich nicht. Denn das Spielen lehrt wohl nicht so sehr, mit Niederlagen gelassen umzugehen, sondern eher, den Verlust geradezu zu suchen. Schließlich treibt beispielsweise der Bann des Glücksspiels die Spieler ja dazu, selbst die Gewinne nicht einzustreichen, sondern sie erneut aufs Spiel zu setzen. Über kleine Kränkungen im Alltag tröstet man sich dann wohl durch gewaltige Verluste im Spiel hinweg. Vielleicht aber muss man sich ab und zu in solcher Verausgabung üben, um ihrer Anziehung widerstehen zu lernen. Auf diese Weise würden wir uns darin üben, ein souveränes Verhältnis zu unserer eigenen Souveränität zu gewinnen.

27. Über das Alter

Die Furche: Wie bewerten Sie in unserer Gesellschaft die generelle Einstellung zum Alter?

Robert Pfaller: Mein Eindruck ist, dass sich unser Verhältnis zum Alter in den letzten Jahrzehnten dramatisch verschlechtert hat. Wir wollen nur noch jung und gesund sein – oder zumindest so aussehen –; aber am besten ewig leben. Das steht im Widerspruch zur Bemerkung des Philosophen Epikur, wonach der Weise sich nicht das größte Brot aussuche, sondern das süßeste. Zugleich widerspricht es dem für die 1970er Jahre maßgebenden Prinzip: »It's better to burn out than to fade away« – »besser ausbrennen als dahinschwinden«. Für unsere Zeit müsste man hingegen formulieren: »Es ist besser, einzufrieren und ängstlich und verblasst dahinzuvegetieren, als jenes Risiko zu nehmen, das man früher Leben nannte.« Und darum will man auch keine Spuren davon sehen.

Welche Indizien deuten auf einen Wandel in der kulturellen Wahrnehmung des Alters?

Ähnlich wie die »Lesbian & Gay Pride«-Bewegungen in den 1970er Jahren formieren sich heute Bewegungen, die man als »Aging Pride« – »Stolz auf das Alter« – bezeichnen kann. Es ist schon sehr verwunderlich, dass so etwas nötig geworden ist. Auch die erfolgreiche Filmkomödie »Spätzünder«, bei der gezeigt wird, wie ältere Menschen noch einmal so richtig durchstarten, ist zum Beispiel symptomatisch für unsere Zeit. Generell haben wir bei vielen Dingen, die wir früher zu bewundern und zu lieben imstande waren – etwa auch bei bestimmten Genussmitteln, oder beim Flirten, oder beim Aufbauen von Geschlechterspannung, oder beim Müßiggang, oder bei der Großzügigkeit et cetera – völlig die Fähigkeit verloren, aus dem Schwierigen, Zwiespältigen etwas Grandioses zu machen. So eben auch beim Altern.

Welche Hoffnungen sind heute mit dem Erreichen eines hohen Alters verbunden?

Ich glaube, keine. Wir wollen nicht alt werden um des Lebens willen, sondern nur, um dem Tod auszuweichen.

Inwiefern ist das kulturelle Verhältnis zum Alter für unser Leben relevant?

Es ist ganz klar: Altern ist nicht einfach etwas Schönes. »Altern ist nichts für Feiglinge«, hat Mae West einmal festgestellt. Und als man Woody Allen fragte, was er vom Alter halte, sagte er zu Recht: »Da kann ich nur abraten.« Aber das heißt noch lange nicht, dass man das Alter nur noch als Schrecken wahrnehmen kann. Auch ein Glas Whisky ist nicht immer bekömmlich; manchmal ekeln sich sogar die Whiskyliebhaber davor. Aber Kultur heißt, dass die Individuen durch Ritualisierung in die Lage versetzt werden, etwas, das sie normalerweise eklig oder anstößig oder ungesund finden, in bestimmten, meist geselligen Momenten als etwas Großartiges erleben können. Diese kollektive Dimension der Kultur geht uns durch Privatisierung mehr und mehr verloren. Darum können wir Whisky oder Altern kaum mehr ertragen. Und auch Liebe und Sex erscheinen vielen längst als etwas viel zu Beschwerliches.

Steht »Anti-Aging« aus Ihrer Sicht im Widerspruch zu einem »guten Leben«?

Auf jeden Fall. Gutes Leben heißt nicht, dass wir kein Altern mehr wahrnehmen müssen. Es heißt, dass wir damit umgehen lernen.

Welche Hilfestellungen kann die Philosophie für den Umgang mit dem Alter anbieten?

Zu erkennen, dass Altwerden in unserer Gesellschaft nicht auf der Ebene der Tatsachen, sondern der Einbildungen über die Tatsachen zu einem Riesenproblem geworden ist. Es gibt Dinge, die unangenehm und schlimm sind, aber was sie wirklich ganz schlimm macht, ist unsere Einbildung. So sagt der Stoiker Epiktet: »Was die Menschen in Aufruhr versetzt, sind nicht die Tatsachen, sondern ihre Einbildungen über die Tatsachen.« Hier liegt ein möglicher Nutzen, den die Philosophie für die Medizin haben kann: nämlich anzuregen, dass auch die Einbildungen, die über Tatsachen gehegt werden, zuweilen kuriert werden müssen.

Wie könnte eine solche »philosophische Therapie« funktionieren?

Etwa sich die wesentliche Frage in Erinnerung zu rufen, wofür es sich zu leben lohnt: Allein das Stellen der Frage ermöglicht es, vor Tatsachen wie dem Alter nicht zu erstarren, nicht in Panik zu geraten, die Dinge nicht als obszön und unüberwindlich wahrzunehmen. Die entscheidende Funktion dieser Frage ist es, bestimmte Dinge zu relativieren, zum Beispiel auch das Gesundsein und die ständige Selbstoptimierung. Dann müssen wir nicht mehr um jeden Preis das Leben erhalten, gesund oder vernünftig sein. Wenn Gesundheit das Allerwichtigste wird, wenn wir immer nur gesund sein wollen, dann ist das doch eigentlich sehr ungesund. Wir fühlen uns dann sehr verwundbar, verletzlich und ausgesetzt, und fangen womöglich auch an, den Genuss der anderen zu hassen. Von daher die Angst vor den Dicken, den Rauchern, den Trinkern et cetera. Das ist übrigens eines der ungesündesten Bewegmomente zeitgenössischer Individuen.

Was wäre für Sie dann ein »gutes Altern« in einem »guten Leben«?

Es genügt schon, wenn wir schlechtes Leben mehr fürchten als den Tod – das wäre die Formulierung von Bertolt Brecht. Wir müssen lernen, auf vernünftige Weise vernünftig zu sein und auf gesunde Weise gesund zu sein, denn sonst verhalten wir uns wie altkluge Kinder: Diese haben zwar die Vernunft für sich entdeckt, aber noch nicht gelernt, die Vernunft auch vernünftig zu relativieren. Daher sind diese altklugen Kinder völlig ratlos, wenn die Erwachsenen dann auch einmal unvernünftige Dinge tun wie zum Beispiel Alkohol trinken, sich verlieben, mit Ironie sprechen et cetera. Wenn wir uns hingegen wie Erwachsene verhalten, dann ist es auch kein großes Problem, wenn wir ältere Erwachsene werden und irgendwann auch tatsächlich so aussehen.

28. Über Stars

Flair: Herr Prof. Pfaller, ein gewisser David Robert Jones mutierte zu David Bowie, Robert Zimmermann zu Bob Dylan, Stefani Germanotta zu Lady Gaga. Warum sind im Pop solche Pseudonyme so essentiell?

Robert Pfaller: Zunächst ist es einmal wichtig, dass sich ein Popstar ein Bigger-than-Life-Ego zulegt. Und das führt zur Wahl eines meist exotischen Namens und eines Auftretens, bei dem klar ist, dass es nicht jeden Tag und immer so sein kann. Die meisten Identitäten in der Popkultur bauen auf transparenten Pseudonymen auf. Also man ahnt, dass jemand nicht mit bürgerlichem Namen Madonna heißt. Das schafft genau die Stimmung, in der wir eigentlich immer ästhetische Erfahrungen machen. Nämlich dass wir es mit einer Illusion zu tun haben, von der wir sagen: »Ah, das ist hübsch; man hätte glauben können, so heißt jemand – wir glauben es aber nicht.« Die durchschaute Illusion ist Kern von ästhetischer Lust.

Es scheint, dass Stars derzeit einerseits dieses Artifizielle und Glamouröse repräsentieren müssen, damit sie in den Medien bleiben. Auf der anderen Seite gibt es aber auch ständig Fotos aus Privatsituationen, die Forderung nach Intimität. Zerbrechen nicht viele an diesen doppelten Zwängen?

Vielleicht ist dieses Phänomen auch nicht ganz so neu. Aber sicherlich gibt es auch ein obszönes Interesse von Wohnzimmer-Journalismus, der genau das macht – sozusagen »Ich zeige euch jetzt den Star ungeschminkt oder in der Freizeitkleidung«. Der Voyeurismus der Massen ist seit den Neunzigern in dem Maße angewachsen, in dem wir den Anderen nicht nur als glänzende öffentliche Person wahrnehmen wollen, sondern auch als Privatperson. Hier hat sich am Funktionieren von Öffentlichkeit etwas verschoben. Richard Sennett hat diese Entwicklung schon in den 70er Jahren kommen sehen und hat darauf hingewiesen, dass wir die alte zivilisierte Zweiteilung von öffentlicher Rolle und privater Person liquidieren zugunsten der privaten Person.

Eine Entwicklung, die Sie auch in Ihren Büchern beschreiben …

Ab den 90er Jahren sieht man auch in Österreich plötzlich lauter Privatpersonen im Fernsehen. Bis dahin mussten die Leute gut gekleidet, zivilisiert sein, sachlich sprechen – plötzlich sitzen sie im Pyjama da und erzählen, dass sie nekrophil sind oder irgendwelche Privatmarotten. Und ich glaube, das überträgt sich auf die gesamte Kultur, so dass die Leute sich auch immer weniger schämen, hinter die Kulissen zu schauen. Sozusagen: Wenn das möglich ist, dann wollen wir bitte den Star auch beim Zähneputzen sehen.

Könnte man sagen, dass mit dem Einzug der Reality-Ära und von Container-Shows alles auf eine Ebene runtergeschraubt werden musste? Verlangen Marketingberater von ihren Stars nicht sogar den Blick ins Private?

Ich glaube, das zeigt auch eine bestimmte Mickrigkeit in der Kultur – dass man nicht duldet, dass der Star größer ist oder zumindest größer erscheint. Und dass man haben möchte, dass der Star eigentlich genauso ein jämmerliches Würstchen ist wie man selbst. Das ist eine sehr niedrige Befriedigung, die daraus kommt. Das gibt es aber auch in der Politik: Die Österreicher haben zeitweise Politiker gewählt, weil sie das Gefühl hatten, das sind genauso miese Figuren wie wir selbst.

Es gibt ein aktuelles Popbeispiel für diese Tendenz. Die junge Amerikanerin Lizzy Grant, die sich als Femme fatale Lana Del Rey neu erfunden hat. Das schlägt massiv ein, andererseits hagelt es Vorwürfe wegen mangelnder Authentizität …

Also dass man ihr das vorwirft, finde ich irgendwie erstaunlich. Das kommt mir so vor, wie wenn man vom Maler fordern würde, er soll Trauben malen, die man auch essen kann. Als ob unser Genuss von der Authentizität dieser Person herrühren würde. Das ist eine ganz merkwürdige Auffassung vom ästhetischen Genuss. Stars haben das eigentlich immer zum Ausdruck gebracht, dass es ein Kunstprodukt ist, was sie da zeigen. Marilyn Monroe hat sogar zu ihrem Regisseur Billy Wilder gesagt, dass es mehrere Stunden dauert, bis aus Norma Jean Baker wieder Marilyn Monroe wird. Ich glaube, insgesamt kann man darin sehen, dass unsere Zeit einen recht barbarischen Umgang mit Illusionen pflegt.

Was ist da gesellschaftlich passiert, dass es so weit kommen konnte?

Die Postmoderne ist die Kulturepoche, die diesen zivilisierten Umgang mit aufgehobenen Illusionen nicht mehr fertigbringt oder sogar bewusst ablehnt. Und dabei glaubt, sich damit zu befreien oder irgendwie klüger machen zu können. Vielleicht sogar als Nachhall bestimmter 68er-Befreiungsideen von Selbstsein und Selbstverwirklichung. Wir haben einen gestörten Umgang mit Illusionen und können uns nicht einfach daran freuen, wenn wir etwas Schönes sehen. Irgendwelche Moralapostel müssen dann gleich sagen: Das war doch früher die Lizzy.

Dabei gibt es neben der Polemik gegen alles Künstliche auf der anderen Seite den Druck zu Schönheitsoperationen und Botox. Ist das nicht ein bizarrer Widerspruch?

Richtig. Vielleicht hat sich auch da der Charakter der Künstlichkeit geändert. Bis vor 15 Jahren wurden sie eher durch theatralische Mittel erreicht. Die Stars haben sich kostümiert, geschminkt, Perücken aufgesetzt und haben dadurch etwas gespielt und wussten, dass Schönheit etwas Gespieltes ist. Heute hat man das Gefühl, man muss echt sein in der Öffentlichkeit. Und das muss alles wahr sein, und deswegen muss der echte Körper schön sein. Deswegen ersetzt sozusagen die kosmetische Chirurgie die theatralische Schminke. Es geht vor allem darum, dass nichts stören soll. Meine Ohren sind asymmetrisch, das könnte Sie stören – na, ab unters Messer. Diese Chirurgie hat einen völlig negativen Begriff von Schönheit: ›Es geht nur darum, dass nix stört, und es wird alles beseitigt.‹

Und wenn jetzt die Mode in einer Saison »die neue Natürlichkeit« vorgibt, dann ist das auch nur künstlich, oder?

Das ist ein alter Trick der Kultur, so wie der englische Garten. Genau.

Madonna, deren neues Album kürzlich erschienen ist, scheint alle diese Entwicklungen zu symbolisieren. Haben Sie nicht auch den Eindruck, dass ihre einstige Souveränität einem Druck gewichen ist, lasziv und glamourös, aber auch superfit und topsportlich gleichzeitig zu sein?

Amerikanische Stars sind einem ganz anderen Jungendzwang und auch irgendwie Reinheitszwang ausgesetzt. In Europa haben wir da doch zumindest über eine lange Zeit eine Kultur gehabt, wo der Star auch alt oder hässlich sein durfte und finster, so wie Serge Gainsbourg, der nie schön war oder wahrscheinlich nicht einmal wirklich gut singen konnte. Aber er hatte eine raue Stimme, die irgendwie etwas Übernächtigtes ausstrahlte, was sehr reizvoll war. Da sieht man auch, wie traurig es eigentlich ist, wenn so eine Kultur, in der unsere Träume leben sollen, von solchen Effizienzforderungen wie Sportlichkeit plötzlich angegriffen wird.

Wenn schon die Popkultur so auf Effizienz ausgerichtet ist, gibt es Rückzugsgebiete für Geheimexistenzen – oder sind die dann wirklich geheim?

In dem Maß, wie eine hegemoniale Kultur wie die US-amerikanische ihre Gesundheitsstandards hier über die Kultur verbreitet, bilden sich natürlich sofort auch wieder Subkulturen heraus, die das konterkarieren oder die sich dem entgegenstellen. Und es bildet sich auch eine Nostalgie heraus. Zum Beispiel eine Serie wie »Mad Men«, wo viele der Dinge, die jetzt nicht so sein dürfen, vorkommen. Dass man getrunken und geraucht hat, dass es eine Spannung zwischen den Geschlechtern gab, all das. Plötzlich schaut man da wieder fasziniert hin, und diese Nostalgien sind, glaube ich, immer Mahnungen an Unterlassungen in der Gegenwart.

Lana Del Rey erinnert an diese »Mad Men«-Welt, wurde dann aber durch Interviews gezwungen, sich zu outen, dass sie doch nicht raucht und zu trinken aufgehört hat.

Sehr traurig. Man hat bei diesen Stars auch das Gefühl, dass die vielleicht sogar bewusst zwei Kunstidentitäten haben. Also sozusagen diese zweite, die angeblich nicht raucht. Vielleicht ist das genauso ein Kunstprodukt wie die Bebotoxste mit dem Big Hair, die wir auf der Bühne sehen.

Das heißt, die Stars können nichts mehr so wie früher offensiv im Backstage-Raum ausleben, sondern müssen dann noch einmal geheim agieren.

Vielleicht haben wir es jetzt immer mit zwei Bühnen zu tun.

29. Über Freiheit und Gesetzgebung

liberal: Herr Pfaller, wann haben Sie sich zum letzten Mal in Ihren bürgerlichen Freiheiten eingeschränkt gefühlt?

Robert Pfaller: Meine eigenen Lieblingsbeschäftigungen sind vergleichsweise überschaubar und werden wohl nicht als erste zum Gegenstand der nächsten Verbotswellen werden. Aber man sollte sich politisch nicht nur für die Dinge engagieren, die einen persönlich betreffen. Bei all den aktuellen Verboten und Bevormundungen steht ja nicht nur das jeweils Persönliche der Leute auf dem Spiel, sondern auch etwas Allgemeines: ihr Status und ihre Würde als mündige, erwachsene Menschen, die durchaus in der Lage sind, kleine Unannehmlichkeiten im öffentlichen Raum zu verkraften, ja vielleicht sogar Freude daraus zu gewinnen. Vieles, was wir persönlich nicht unbedingt wollen, lassen wir uns ja oft mit Freude gefallen, wenn wir in guter Gesellschaft sind – zum Beispiel manche Sportübertragungen im Fernsehen. Die aktuellen Verbote zerstören die Geselligkeit der Menschen; sie nehmen ihnen die Möglichkeit, die Erfahrung zu machen, dass sie dank der Gesellschaft mehr Freude empfinden können als alleine.

Sie sind Mitbegründer der Initiative »Mein Veto«, welche sich gegen die zunehmende Beschneidung bürgerlicher Freiheiten und die Bevormundung durch den Staat richtet. Also etwa gegen ein Mentholzigarettenverbot oder gegen Alkoholverbote an öffentlichen Plätzen. Wieso sind Ihnen diese Themen wichtig?

Bei »Mein Veto«, einer österreichweiten Initiative, die von der Werbeagentur Ecker und Partner gegründet wurde, war ich nur einer der ersten Unterstützer. Inzwischen habe ich zusammen mit Alexandra Ötzlinger eine weitere, EU-weite Initiative gegründet – sie heißt »Adults for Adults«. Wir versuchen, Bewusstsein für das Problem zu erzeugen, dass staatliche Behörden die Individuen immer mehr wie Kinder behandeln und ihnen Dinge vorschreiben, die sie sehr gut selbst regeln können, während diese Behörden auf der anderen Seite aber entscheidende Dinge ungeregelt lassen – etwa die Vereinheitlichung der Steuer- und Sozialsysteme in der EU, oder die Besteuerung von Finanztransaktionen.

In den allermeisten Regionen der USA gilt an öffentlichen Plätzen ein Alkoholverbot. Jeder kennt das klassische Bild des Obdachlosen, der seine Schnapsflasche in einer Brown Bag versteckt oder aus einem Flachmann trinkt. Die USA gelten trotzdem als freiheitsliebendes und offenes Land. Wo ist also das Problem, wenn das nun auch in Deutschland oder Österreich so gehandhabt würde?

Wer eine Weile in den USA gelebt hat, weiß, dass dort nicht allein die soziale Sicherheit der Menschen, sondern auch ihre Freiheit und persönliche Würde keine allzu hoch gehandelten Güter darstellen. Elfjährige Kinder, die man beim Doktorspielen ertappt, und ausländische Spitzenpolitiker, für die die Unschuldsvermutung gilt, führt man in Handschellen vor. Und nirgends sitzt ein so großer Bevölkerungsanteil im Gefängnis wie in diesem Land. Der Mangel an unterstützenden und fördernden staatlichen Einrichtungen führt hier sichtlich zu einer Ausweitung von repressiven staatlichen Maßnahmen. Eine ähnliche Entwicklung zeichnet sich auch in Europa ab. Man kürzt den Leuten die Sozialleistungen, dafür gibt man ihnen immer mehr Verbote, Vorschriften und Warnungen.

Warum darf die Droge Alkohol verkauft werden, Drogen wie Hasch oder Kokain aber nicht?

Weil wir eine jahrhundertealte Kultur des Alkoholgenusses haben. Auch der Gebrauch anderer Genussmittel wie Haschisch oder möglicherweise auch Kokain hat sich inzwischen in vielen Subkulturen der westlichen Welt zu einer kulturellen Praxis entwickelt; darum muss man ihm das Recht auf Anerkennung als öffentliche Geste vielleicht nicht länger versagen. Lächerlich und bedenklich finde ich nur die in manchen westlichen Ländern bereits beobachtbare Tendenz, das Zigarettenrauchen zu verbieten, das Haschischrauchen dagegen zu erlauben. Mein Eindruck ist, dass man das Selbstbestimmte, Nachdenkliche, Rebellische, das der adoleszenten Tabakkultur anhaftet, zerstören will, während dafür das Harmlose, Weltflüchtige des Haschischkonsums durchaus politisch willkommen ist.

Da Sie offensichtlich kein Befürworter von Alkoholverboten sind, sind Sie im Umkehrschluss für die Liberalisierung von härteren Drogen?

Mit den gefährlichen Dingen sollte man so umgehen wie mit dem Glücksspiel: mit Bildung staatlicher Monopole. Die Leute, die solche Dinge brauchen, sollen sie auf legalem Weg bekommen können, anstatt gezwungen zu sein, sich in die Kriminalität zu begeben. Nur auf diesem Weg kann man ihnen auch Beratung und Hilfe zur Verfügung stellen.

Beim Handel und Konsum von Marihuana fühlt sich doch niemand beeinträchtigt, nur weil der Staat es nicht erlaubt. Die Menschen tun es, ob es der Gesetzgeber will oder nicht. Was sind Verbote wert, wenn sie in der Praxis relativ einfach umgangen werden können und obendrein kaum geahndet werden?

Sie haben völlig recht. Wie man auch an den Alkoholverboten der amerikanischen Prohibitionszeit sehen kann, senken die Verbote den tatsächlichen Konsum nicht. Man darf aber nicht übersehen, dass es neben dem Konsum mancher Dinge auch eine Kultur für sie gibt: Kultur des Alkoholgenusses, Tabakkultur etc. Es gibt an diesen Praktiken also etwas Öffentliches – zum Beispiel, dass es früher zum guten Ton gehört hat, bei eleganten Anlässen zu rauchen, weil man dadurch ruhiger, entspannter und mondäner wirkt. Man hat so etwas nicht allein für sich selbst getan, sondern vor allem auch den anderen zuliebe. Mit der Zerstörung der Öffentlichkeit dieser Genusskulturen wird in der Gesellschaft das Bewusstsein zerstört, dass das Glück des anderen auch mein Glück ist. Die Bevormundungs- und Verbotswelle produziert eine gewaltige Entsolidarisierung in der Gesellschaft. Der andere wird grundsätzlich nur noch als Beeinträchtigung und Gefahr dargestellt, und der Staat nur noch als notwendiger Separationsapparat gegenüber diesem gefährlichen Anderen.

Warum empfinden viele liberale Menschen einen verpflichtenden Gemüsetag in Kantinen als Einschränkung ihrer Freiheit, die Anschnallpflicht im Auto aber nicht?

Vermutlich weil sie zu Recht einsehen, dass sie das Risiko eines Aufpralls individuell nicht abfedern können, das Risiko des individuellen Fleischessens aber schon.

Wo ist für Sie eine rote Linie überschritten? Also ab wann geht der Gesetzgeber in Ihren Augen einen Schritt zu weit und dringt in einen Bereich ein, der ihn nichts angeht?

Dort, wo er aufhört, mündige Staatsbürger als erwachsene Menschen mit einer ihnen eigenen Würde zu behandeln. Dort, wo er teilvernünftige Prinzipien wie Sicherheit, Gesundheit, Umweltschutz oder Kosteneffizienz verabsolutiert. All diese Dinge sind ja für die Menschen da, und nicht umgekehrt. Ihretwegen dürfen wir uns nicht das gute Leben zerstören. Und wenn wir alles nur noch der Gesundheit opfern müssen, dann ist das nicht einmal gesund.

Brüssel macht sich durch zunehmend absurde Regelungen immer unbeliebter bei den aufgeklärten Citoyens. Man denke nur an das Glühbirnenverbot und andere Ökodesign-Richtlinien, wie die Staubsaugerdrosselung etwa; an die vorgeschriebenen Schockbilder auf Zigarettenschachteln oder die Seilbahnverordnung, die per Strafe auch von berglosen Regionen wie Berlin oder Brandenburg umgesetzt werden muss. Ist die EU ihrer Meinung nach treibender Motor oder lediglich Opfer eines Zeitgeistes, der immer mehr Verbote und Vorschriften hervorbringt?

An diesen Lächerlichkeiten wird ein politisches Problem der EU sichtbar: nämlich dass ihre Gesetzesinitiativen nicht von der Regierung, sondern von der Beamtenebene ausgehen. Diese Sachbearbeitertypen stürzen sich dann mit Vorliebe und Überengagement auf Details in vermeintlich unpolitischen Bereichen wie Umwelt oder Gesundheit. Dabei aber werden einerseits die wirklichen Prioritäten vernachlässigt. Und andererseits schlüpfen durch die Bresche des vermeintlich Unpolitischen dann die Interessen sehr mächtiger Lobbys und Konzerne – wie zum Beispiel der Pharmaindustrie oder der Krankenversicherungen – herein. Auf diese Weise wird in sehr heiklen Fragen jegliche demokratische Entscheidungsfindung umgangen – denn, wie man bei der Bologna-Reform der Universitäten gesehen hat, neigen die nationalen europäischen Regierungen ja dazu, sogar völlig unverbindliche Empfehlungen der EU-Kommission dann sofort wie einen Marschbefehl diskussionslos durchzuwinken.

Darf ein Staat oder eine Institution das überhaupt in einer freiheitlichen Demokratie, unser Verhalten steuern?

Der Staat muss dort, wo es unterschiedliche Interessen gibt, Regeln schaffen, damit es nicht zu Mord und Totschlag kommt. Außerdem hat er dafür zu sorgen, dass die Menschen sich ein menschenwürdiges Leben leisten können und Zugang zu Ressourcen wie sozialer Sicherheit, Altersvorsorge und Bildung haben. Er hat sie aber nicht zu irgendeinem vermeintlich guten oder moralisch richtigen Leben zu zwingen.

Was raten Sie Menschen, die sich von jener Verbotskultur erdrückt fühlen? Wie kann man in einer Gesellschaft, die dazu neigt, jeden Lebensbereich normieren zu wollen, Bezirke der Freiheit wahren?

Da immer mehr Leuten diese Tendenzen unangenehm bewusst werden, bin ich zuversichtlich, dass sie auch die richtigen Antworten finden werden: den politisch Verantwortlichen deutlich zu signalisieren, dass man sich das nicht gefallen lässt. Sie dazu zwingen, dass sie sich den wirklichen Prioritäten zuwenden, anstatt uns durch lächerliche Pseudopolitik zu gängeln. Den öffentlichen Raum gegen das modische Schüren von Empfindlichkeiten aller Art zu verteidigen und in Erinnerung zu rufen, dass erwachsene Menschen mehr sind als eine Summe von Privatinteressen und Wehwehchen: dass sie in der Lage sind, über ihre individuellen Schranken hinauszuwachsen und das Glück und die Freiheit des Anderen auch als eigenes Glück und eigene Freiheit zu erleben.

Zum Abschluss drehen wir den Spieß noch um: Was sollte Ihrer Meinung nach verboten werden, was derzeit noch vollkommen legal ist?

Zum Beispiel: Hedgefonds und Leerverkäufe. Prekäre Arbeitsverhältnisse, wie sie z. B. bei der Firma Amazon offenbar herrschen. Geheimverhandlungen über das transatlantische Freihandelsabkommen, vielleicht auch die Spekulation gegen europäische Währungen und Staatsanleihen. Und die Ökonomisierung der Bildungsinstitutionen sowie die Verschulung von geistes- und sozialwissenschaftlichen Studien.

30. Über die Arbeit

Desirée Schellerer: Herr Pfaller, in Ihren Forschungen beschäftigen Sie sich viel mit der Frage, was das gute Leben ausmacht und wofür es sich zu leben lohnt. Was denken Sie, welchen Stellenwert sollte die tägliche Arbeit in einem guten Leben haben? Steht die viele Arbeit den Freuden eines guten Lebens nicht eigentlich im Weg?

Robert Pfaller: In einer ersten Annäherung möchte ich, gestützt auf den Philosophen Georges Bataille, sagen: Man arbeitet, um zu leben. Aber man lebt nicht, um zu arbeiten. Dieser Unterschied sollte nicht übersehen werden – insbesondere da gegenwärtig ja die Arbeit, zum Beispiel in der sogenannten Kreativbranche, meist mit hohen Erwartungen von Erfüllung befrachtet wird. Gute, erfüllende Arbeit zu haben, ist auch ein berechtigter Anspruch – aber eben an die Arbeit und nicht an das Leben. Viele Zeitgenossen scheinen aber kaum mehr in der Lage, ihr Leben als erfüllt zu empfinden, wenn sie nicht wie die Teufel schuften. Freilich sind in unserer Gesellschaft sehr viele soziale Funktionen an die Arbeit gekoppelt – was z. B. Sozialkontakte, Ansehen, Zeitgenossenschaft, Geschmack, politische Teilhabe etc. betrifft. Darum kommt man ohne halbwegs gute Arbeit derzeit kaum zu einem guten Leben. Mit ihr allerdings oft auch nicht – da sie keinen Platz dafür zu lassen droht.

Wie darf man sich einen typischen Arbeitstag im Leben eines Philosophen und zugleich Universitätsprofessors vorstellen? Gibt es so etwas wie einen Arbeitsalltag, eine gewisse Routine oder Regelmäßigkeit in Ihrem Tun?

Meine Arbeit hat einen Teil, der etwas Gehetztes an sich hat – etwa E-Mails zu beantworten, Verwaltungsabläufe (von denen es nach den Universitätsreformen immer mehr gibt) in Gang zu setzen etc.; und einen anderen, der sehr viel Ruhe voraussetzt – etwa eine Vorlesung oder eine Seminarsitzung vorzubereiten, eine Fragestellung zu erforschen, ein Interview zu geben oder einen wissenschaftlichen Text zu schreiben. Zwischen diesen beiden Teilen muss ich an jedem Tag mehrmals wechseln. Darum scheint mir meine Aufgabe der eines Biathleten nicht unähnlich, der ja auch einerseits möglichst schnell durch die Loipe hetzen, dann aber andererseits sich auch möglichst schnell wieder beruhigen muss, um präzise auf seine Zielscheibe schießen zu können.

Welche Rolle spielt die Maßregelung des Menschen in der Arbeitswelt von heute? Ist das Büro ein lustfeindlicher Ort? Und muss das nicht so sein, damit tatsächlich gearbeitet werden kann?

Im günstigsten Fall gibt es so etwas wie eine Lust der Konzentration. Dass man im Büro oder im Studio nicht durch diverse sonstige häusliche Annehmlichkeiten abgelenkt ist, kann durchaus als Gewinn erlebt werden. Dies geht freilich nur in dem Maß, in dem die Arbeit für sich genommen interessant ist – also insofern sie, wie der Soziologe Richard Sennett formuliert, dazu anregt, um ihrer selbst willen gut gemacht zu werden.

Wo arbeiten Sie am liebsten?

In einer Bibliothek.

Gibt es Orte, die Ihre Kreativität fördern, die Sie inspirieren?

Was ich an der Kunstuniversität an Projekten und Arbeiten von Studierenden zu sehen bekomme, liefert mir schon oft wichtige Anregungen und glückliche Herausforderungen.

Das Büro/der Arbeitsplatz als Ort: Welche Bedeutung messen Sie ihm bei?

Gibt es für Sie so etwas wie einen »Hauptarbeitsplatz« – und wenn ja, wo befindet er sich?

Die meisten Dinge erledige ich in meinem Universitätsbüro; einige andere in den Bibliotheken. Manche Forschungsarbeiten aber kann ich nur umgeben von meinen eigenen Büchern und Archivmaterialien machen.

Unterscheiden Sie bewusst zwischen Frei- und Arbeitszeit, oder verschwimmen die Grenzen?

Da die Philosophie auch eine Kultur der Freundschaft ist, so dass ich mit den lebenden Philosophen, deren Bücher ich schätze, in vielen Fällen befreundet bin, und da andererseits eigentlich alle meine Freundschaften auch etwas Philosophisches an sich haben, so dass ich in nahezu allen privaten Gesprächen auch etwas mitbekomme, das mir zu denken gibt, lässt sich diese Grenze in meiner Branche, jedenfalls für mich, kaum ziehen. Das heißt freilich nicht, dass ich, um konzentriert arbeiten zu können, nicht vieles andere energisch wegscheuchen müsste – meist handelt es sich dabei allerdings weniger um störendes Privates als um störende andere Arbeitsanforderungen, wie zum Beispiel Anrufe.

Denken Sie, dass die Arbeitswelt in den letzten Jahren »strenger« geworden ist? Den Cocktail zum Lunch und Flirts im Büro kennt man ja eigentlich nur mehr aus Fernsehserien wie »Mad Men«.

Mir scheint, dass vor allem unser Privatleben strenger geworden ist – man darf zum Beispiel kaum noch flirten, und selbst wenn, so wissen offenbar nur noch die wenigsten, wie das geht. Die Arbeit hat allerdings auch viele Nebenfelder eingebüßt, die nicht nur annehmlich waren, sondern oft auch die notwendigen Umwege darstellten, über die alleine wirkliche Produktivität möglich wurde: etwa, dass man mal zusammen mit Kollegen etwas trinkt und über etwas ferner liegende Fragen spricht. So gibt es an manchen Kunstuniversitäten heute nicht einmal mehr Feste. Früher waren das aber die Gelegenheiten, bei denen die wichtigen Dinge entstanden; die Momente eines Studiums, an die man sich später erinnerte.

Auf der anderen Seite gibt es in Arbeitsumgebungen heute Erholungsnischen, die früher undenkbar gewesen wären. Allerdings ist diese Erholung einem rigiden Effizienzzwang unterworfen. Man darf nicht einfach mal ein Nickerchen machen; es muss dann schon gleich ein »power-nap« sein.

Gibt es bestimmte Rituale, die Sie für wichtig halten in Ihrem Arbeitsalltag?

Bei einem Kaffee ein Buch oder einen Artikel zu lesen, der nicht zum unmittelbaren Forschungsthema gehört.

Ihr wichtigstes Tool für die Arbeit?

Ein Bleistift, um in meinen Büchern Stellen zu markieren und Randnotizen zu schreiben.

Was wünschen Sie sich für Ihre Arbeit bzw. Ihren Arbeitsplatz?

Die Ruhe, die nötig ist, um lohnende Ergebnisse herstellen zu können.

31. Über Kunst

Monopol: Gerade in Ihren letzten beiden Büchern, »Wofür es sich zu leben lohnt« und »Zweite Welten«, unterziehen Sie unsere vom Verzicht geprägte Gegenwart einer Kritik. Noch nicht einmal unsere Selbstkasteiung können wir genießen, sagen Sie sinngemäß. Müsste diese exzessive Vernunft, wie Sie sie auch nennen, der Kunst nicht einen neuen Spielraum eröffnen? Als Ort barocker, wenn auch ausgelagerter Ausschweifung?

Robert Pfaller: Leider ist die Kunst nicht nur die Ärztin der Gesellschaft, sondern auch ihre exemplarische Patientin. Und so hat auch sie in den letzten Jahren oft gerne auf »vernünftig« gemacht und sich mit ernster Miene in traurige und anstrengende Themen vertieft, anstatt sich lustvolle, wilde Verrücktheiten zu gönnen. Durch Konzentration auf die Inhalte hat sie ihre Kraft auf die ohnehin bereits Gleichgesinnten beschränkt, anstatt über die verführerische Sprache der Form die Affekte andersdenkender Menschen zu transformieren. In politischer Hinsicht ist sie dadurch eher zu einer subalternen Sachbearbeiterin degeneriert, anstatt eine Führungskraft darzustellen. Eine Kunst hingegen, die für nichts anderes gut ist als für sich selbst, hat immerhin die politisch wichtige Funktion, die Leute daran zu erinnern, dass auch sie nicht immer zu irgendetwas nützlich sein müssen.

Essen ist der neue Sex, kalauert man gerne, wenn es um die neobürgerliche Konjunktur der Kochshows und -bücher geht. Ist da was dran? (Auch in der Kunstszene legt man viel Wert auf gute Küche, einzelne Künstler verstehen kochen sogar als Kunstwerk.)

Signifikant ist vielleicht weniger das Thema, sondern eher, wie sich die Auseinandersetzung damit verändert hat. Die Futuristen, Dieter Roth, Hermann Nitsch, Daniel Spoerri, Marco Ferreri oder Janine Antoni zum Beispiel haben in Bezug auf das Essen gerne das Moment des Ungenießbaren oder Ekligen, Ambivalenten, Grandiosen oder Ekstatischen hervorgehoben. In der Postmoderne hingegen verabscheuen wir alles Grandiose und sind froh, wenn uns der Künstler, anstatt uns mit einem Werk von überzeitlichem Anspruch zu konfrontieren, lieber nur eine partizipative Suppe kocht. Oder wir laden gleich irgendwelche innovativen Köche als Künstler zu Ausstellungen ein. Ich glaube, hier wird die Kunst sozusagen heruntergekocht auf einige sehr bequeme und konformistische, letztlich biedere Ansprüche.

Sie erinnern einmal an die Bilder unserer Großeltern, die wir oft rauchend sehen, allerdings nur zu festlichen Zwecken. Der Exzess als Unterbrechung des Alltags. Stimmt das nicht genauso für die Neuen Kreativeliten, die zu Hause Bio kochen und Saft trinken, und sich nur in der Szenebar die Kante geben? Und: Ist das falsch?

Es ist klar, dass man die ungesunden Dinge nicht ständig tun kann. Aber es tut den Menschen sehr gut, wenigstens zeitweise so zu tun, als ob sie ihnen nichts anhaben könnten. Dann folgt man momentweise einem Ideal von Grandezza, während man in den übrigen Zeiten eben, abgeschieden von Anderen, auf ein menschliches Maß zusammensinkt. Sich in diesen Phasen aber wieder selbst zu optimieren, heißt einem zweiten, entgegengesetzten Ideal folgen. Das riecht darum wenigstens für meine Nase nach einer ziemlich fiesen Doppelmoral, bei der überdies die servile Seite die Oberhand hat.

32. Über »Zweite Welten«

Marion Fuglėwicz-Bren: Die Vorstellung eines Universums, das außerhalb des uns bekannten Universums existiert, spielt in sämtlichen Wissenschaften und Künsten immer wieder eine bedeutende Rolle: vor allem in der Literatur, in der Psychologie und in den Naturwissenschaften. Was ist das Faszinosum an dieser Vorstellung?

Robert Pfaller: Ich bin nicht sicher, ob man hier ahistorisch von einem Faszinosum sprechen kann. Mein Ausgangspunkt für mein aktuelles Buch ist im Gegenteil, dass zweite Welten – im Unterschied zu früheren Epochen – gegenwärtig in hohem Maß verfemt sind. Die Leute glauben heute zunehmend, sie dürften nur eines sein und nur eine Welt haben; ihr Leben müsste ihren Träumen gleichen; ihre Umgangsformen müssten mit ihren intimsten Gefühlen übereinstimmen; sie dürften nur »gute« Spiele spielen etc.

Solche »zweiten Welten« – oder Parallelwelten – hatten in der Science-Fiction-Literatur seit jeher eine große Bedeutung. Es war dies, wenn man es etwa in den 20er oder 30er Jahren des letzten Jahrhunderts ansiedeln möchte, die Zeit einer spezifischen Wissenschaftsgläubigkeit, die sich durch die technologische Nutzung der Erfahrungswissenschaften konstituiert hat. Etwa zur gleichen Zeit – wenngleich etwas früher – hat sich ja Freud mit dem Unbewussten beschäftigt, dem Bereich der menschlichen Psyche, der dem Bewusstsein nicht direkt zugänglich ist. Zufall? Und kann man heute eine Renaissance der sogenannten »Virtual Realities«, der »zweiten Welten« beobachten? Wie würden Parallelen aussehen?

Klarerweise sind Wissenschaften und Medientechnologie immer wieder wichtige Lieferanten eines gewissen Teils unserer Vorstellungen. Dennoch scheint mir interessanter, die unterschiedlichen Praktiken des Umgangs mit solchen Zusatzwelten zu betrachten. Es ist doch etwas anderes, ob man sich ab und zu einen Tagtraum oder eine Utopie gönnt, oder ob man, wie die japanischen Otakus, gänzlich in einer virtuellen Welt zu verschwinden versucht.

Der Science-Fiction-Begriff wurde von Kritikern auch abwertend verwendet für Phantastereien oder Technologien, die »in ferner Zukunft« liegen. Wie passt das »Rollenspiel« hier herein? Ein Artikel im Standard berichtet vom Mammut-Dokumentationsprojekt eines Mannes, der aus einer Art Obsession heraus sämtliche Computer-Rollenspiele nachspielt, die es seit deren Entstehung gab. Wo verlaufen die Grenzen von der Phantasie zur Illusion oder gar zur Obsession, von der Parallelwelt zur Utopie – etwa im Sinne des Romans von Thomas Morus, der mit der Schilderung einer fernen »idealen« Gesellschaft den Anstoß zum Genre der Sozialutopie gab?

Ganz amüsant finde ich, dass dieselben Menschen, die heute im gesellschaftlichen Umgang das Spielen von Rollen weitgehend ablehnen – da Rollen etwas »Normierendes« hätten oder »entfremdend« seien –, in der Einsamkeit vor ihrem Computer sich wieder leidenschaftlich dem Rollenspielen widmen.

Auch bei den sogenannten Digital Natives, den unter Dreißigjährigen, die mit digitalen Technologien wie Computern, dem Internet, Mobiltelefonen und MP3-Playern aufgewachsen sind, führt das parallele Arbeiten, Multitasking genannt, zu einem anderen Denken (siehe John Palfrey und Urs Gasser in ihrem 2008 erschienenen Buch »Born Digital«). Könnte das die Dia-

lektik von Realität und Wunsch auflösen oder eher verstärken, oder hat es gar keinen Einfluss darauf?

Um in der Realität Wünsche entwickeln zu können, ist es notwendig, einem bestimmten Faden konsequent zu folgen: zum Beispiel einer Erzählung oder einem logischen Gedankengang etc. Nur wenn man bei einer Sache bleibt, kann Begehren entstehen. Dass neuere wissenschaftliche Studien behaupten, Multitasking mache nicht nur krank, sondern auch dumm, überrascht mich darum nicht. Begehren und Intelligenz hängen zusammen, wie sich an diesem Punkt schön zeigt.

Bringt unsere Zeit einen neuen Konstruktivismus? Im Sinne dessen, ob etwa soziale Netze und die »zweite Welt des Internet« grundsätzlich neue kulturelle Symbolsysteme und Metaphern schaffen, oder eher nur »alte«, vielleicht längst überkommene wiederholen?

Die Klischees von Rittern und Drachen scheinen mir in den neuen Medien jedenfalls nicht seltener zu werden.

Kommt das Zeitalter der Lüge? Verdecken wir unsere wahren Bedürfnisse, weil wir sonst keine Überlebenschance haben? Ich habe mir vor ein paar Jahren in einem Blogbeitrag darüber Gedanken gemacht, ob man im Netz ohne Täuschung überleben kann. Der Anthropologe Volker Sommer spricht in dem Buch »Lob der Lüge. Täuschung und Selbstbetrug bei Tier und Mensch« davon, dass Menschenaffen lügen können. In unserer kompetitiven Welt sei dies lebensnotwendig ... welche philosophischen Blickwinkel gibt es auf diese Sichtweise?

Selbst ein radikal wahrheitsliebender Philosoph wie Immanuel Kant hat betont, dass Höflichkeit keine Lüge sei: denn diese Art von Illusion sei für alle durchschaubar. Genau solche Täuschungen ohne Getäuschte sind nach meiner Auffassung die wichtigsten und notwendigsten Ingredienzen für ein gutes Leben. Ohne ein wenig Charme und ein paar unverdiente Komplimente ab und zu leben wir doch nur sehr dürftig.

Wie könnte die Phantasie unser Leben bereichern und warum wäre das wohl notwendig?

Die Phantasie bereichert unser Leben nur dann, wenn wir ihr erlauben, von diesem Leben verschieden zu sein.

Epilog: Hedonismus. Über freudiges Leben in ängstlichen Zeiten.

Die Frage, worin das Glück besteht, erscheint nur auf den ersten Blick als philosophische Herausforderung. Auf den zweiten Blick hingegen zeigt sich, dass einem recht schnell gute Antworten einfallen: mit einer Freundin plaudernd Kaffee trinken; an einem Sommerabend mit Kindern Ballspielen, bis es dunkel wird; sich ein schickes Kleidungsstück kaufen, das man vielleicht nur einmal auf einer Party tragen wird; eine Katze kitzeln etc.

Wenn das Glück so leicht zu erkennen ist, dann könnte man meinen, dass es auch resolut angestrebt wird. Aber offenbar nicht immer: Noch vor wenigen Jahrzehnten gaben sich die Menschen rebellisch, träumten von Chancengleichheit und der freien Liebe. Heute dagegen nehmen sie nicht nur die massiv zunehmende Ungleichheit fast widerstandslos hin; sie rufen sogar selbst danach, dass man ihnen kleine Vergnügungen wie den Alkohol, das Rauchen, den Sex, das Reden darüber und vieles andere einschränkt oder verbietet.

Offenbar unterhalten die Menschen zu ihrem Glück also eine eher gespannte Beziehung. Nur unter bestimmten Bedingungen scheinen sie fähig, sich ihm zuzuwenden. Unter anderen Bedingungen – wie zum Beispiel den aktuellen – fürchten und verabscheuen sie das Glück und sind froh, wenn man es ihnen weitgehend vom Hals hält. Warum aber macht das Glück solche Probleme? – Es gibt dabei offenbar eine entscheidende Schwierigkeit. Alles, wofür es sich zu leben lohnt, ist nämlich rund um eine *zwiespältige* Eigenschaft gebaut: Es ist teuer wie Partykleidung, ungesund wie Alkohol, unanständig oder unappetitlich wie Sex, unvernünftig wie Phantasie, Spiel, Müßiggang oder Verausgabung etc.

Damit wir das, was wir üblicherweise verabscheuen, in Ausnahmemomenten als lustvoll empfinden können, ist eine entscheidende gesellschaftliche Bedingung notwendig: Es muss eine soziale Situation geben; einen Moment der Feierlichkeit, der uns verpflichtet, uns glamouröser zu benehmen als sonst. »Jetzt wird gefeiert, und du machst mit« – das ist der entscheidende gesellschaftliche Imperativ, ohne den alles, was uns Freude machen kann, nur schrecklich wäre. Und die Gesellschaft muss den Individuen dieses Gebot bereitstellen. Die Feiernden, die ihm folgen, verwandeln dadurch das zwiespältige Element in ein großartiges. Nur als gesellschaftliche Wesen, unter einem kulturellen Gebot, sind die Menschen darum glücksfähig; nicht aber auf sich alleine gestellt, als lediglich ihren Eigeninteressen folgende Individuen.

Die Momente lohnenden Lebens entstehen also dann, wenn es uns gelingt, etwas Zwiespältiges in etwas Großartiges zu verwandeln: wenn zum Beispiel die Berührung des Anderen, die sonst nur lästig und zudringlich wäre, zu einer Geste wird, die uns vor Lust erschaudern lässt und an die wir vielleicht noch lange denken müssen. Darum müssen wir dem zwiespältigen Element in der Kultur einen bestimmten Platz zugestehen und dürfen es nicht einfach nur unterdrücken, wie es gegenwärtig meist versucht wird: wenn allen Dingen der Stachel gezogen wird und man uns Bier ohne Alkohol, Schlagsahne ohne Fett, Sex ohne Körperkontakt oder Kunst ohne Genie anbietet. Dasselbe gilt auch für spezielle Eigenheiten des Körpers: Die ungewöhnliche Nase der Kleopatra war für den Philosophen Blaise Pascal noch ein Beispiel für das verführerische »gewisse Etwas«. Heute hingegen wäre sie eine Kandidatin für die kosmetische Chirurgie.

Solche Verwandlungen gelingen uns, wie gesagt, nicht alleine. Wir benötigen dazu eine Ermutigung durch die Gesellschaft. Allerdings braucht die Gesellschaft dazu auch einen Anstoß von unserer Seite. Denn derzeit stellt sie uns als unendlich verletzbare Wesen hin, die nichts als geschützt werden müssten vor der Belästigung durch den Anderen. Dieser zartfühlenden Behandlung sollten wir etwas empörter entgegentreten. Wir sollten den besorgten Behörden signalisieren: »Wir sind nicht so empfindlich, wie ihr glaubt! Ihr könnt uns durchaus etwas zutrauen!« Freilich werden wir dann, wenn man uns wieder etwas zutraut, auch beginnen, mehr zu fordern als nur Schutz vor dem Glück und Verbote.

Nachweise

Die hier abgedruckten Interviews beruhen oftmals auf einer längeren Fassung als der gedruckten Originalfassung und wurden wegen der Vermeidung von allzu häufigen thematischen Überschneidungen gegebenenfalls gekürzt.

1. *Über »Wofür es sich zu leben lohnt«*
Das Interview führte Tobias Becker, erschienen im »KulturSPIEGEL«, Heft 6, Juni 2011.

2. *Über Lust*
Das Interview führte Tina Klopp, erschienen auf »ZEITonline« am 9.6.2011.

3. *Über Glück*
Das Interview führte Alexander Mühlauer, erschienen in der »Süddeutschen Zeitung« vom 22.3.2013.

4. *Über Fernsehen und Öffentlichkeit*
»Jeder kann nur einen Trick«, Frankfurter Allgemeine Sonntagszeitung vom 20.02.2011, Interview von Harald Staun, © Alle Rechte vorbehalten. Frankfurter Allgemeine Zeitung GmbH, Frankfurt. Zur Verfügung gestellt vom Frankfurter Allgemeine Archiv.

5. *Über Askese, Ritual und Vorbilder*
Das Interview führte Matthias Dusini, erschienen im »Falter« vom 2.3.2011.

6. *Über gutes Leben, Philosophie und Höflichkeit*
Das Interview führte Christian Fischill, erschienen in »Die Furche« am 10.3.2011.

7. *Über Genuss, Politik und Philosophie*
Das Interview führte Christoph Weinberger, erschienen in »Die Presse«, 11.3.2011.

8. Über Vorschriften und Sex
Das Interview führte Rico Bandle, erschienen in der »Weltwoche«, 30.3.2011.

9. Über Materialismus, Einbildung und Narzissmus
Das Interview führte Oliver Frommel, erschienen in »Telepolis« am 21.4.2011.

10. Über Konflikt, Gesellschaft und Kunst
Das Interview führte Rolf Bossart, erschienen in »Neue Wege«, Juli/August 2011.

11. Über Lust II
Das Interview führte Andreas Schwarz, erschienen im »Kurier«, 11.6.2011.

12. Über Kunstskandale
Das Interview führte Rolf Bossart, erschienen in »Neue Wege«, Juli/August 2011.

13. Über Treue
Das Interview führte Jakob Schrenk, erschienen in »Neon«, Dezember 2011.

14. Über Autos
Das Interview führte Michael Köckritz, erschienen in »ramp. Auto.Kultur.Magazin« 18, Sommer 2012.

15. Über Genuss
Das Interview führte Josef Jöchl, erschienen unter dem Titel »Verzicht ist der neue Genuss« in: KEY ACCOUNT, 14–15/2012, S. 12–13, Österreichischen Agrarverlag, Wien.

16. Über den Philosophen
Das Interview führten Helge Hopp und Nele Justus, erschienen im Magazin »Lufthansa Exclusive«, September 2012.

17. Über polygame Liebe und Ernst Lubitsch
Das Interview führte Maša Ogrizek, es erschien am 5.1.2013 auf Slowenisch in der Zeitung »Dnevnik«.

18. Über Interpassivität
Das Interview führte Margarete Jahrmann, erschienen in: Margarete Jahrmann, Brigitte Felderer (Hrsg.), *Play & Prosume. Schleichender Kommerz und Schnelle Avantgarde*, Nürnberg: Verlag für moderne Kunst 2013, Seite 107 ff.

19. Über Bevormundung I
Das Interview führte Lisa Nimmervoll, erschienen in »Der Standard«, 15./16.6.2013.

20. Über Bevormundung II
Das Interview führte Christina Merl, erschienen auf http://www.gedifo.at/2013/11/05/kann-genuss-denn-sunde-sein/.

21. Über Müßiggang
Das Interview führte Monika Jonasch, erschienen in »Wiener Journal – Wiener Zeitung«, 28.6.2013.

22. Über den Tod
Das Interview führte Christian Granbacher, erschienen auf dem Blog »blog.erbrechtr360.com«.

23. Über Pseudopolitik
Das Interview führten Hanko Uphoff und Johannes Richardt von der Zeitschrift »NovoArgumente«.

24. Über Humor und Urbanität
Alexandra Kedves, Kulturredakteurin beim »Tagesanzeiger«, Zürich, führte das bisher unpublizierte Gespräch im Kontext ihrer Berichterstattung über die Tagung »Replayce: the City« in Zürich im November 2013.

25. Über Regulierung
Das Interview führte Vanessa Gaigg, erschienen in »Der Moment 12«.

26. Über das Spiel
Das Interview führte Andreas Tobler, es erschien ursprünglich online im Migros-Kulturprozent-Magazin: www.migros-kulturprozent.ch.

27. Über das Alter
Das Interview führte Martin Tauss, erschienen in »Die Furche«, 12.12.2013.

28. Über Stars
Das Interview führte Christian Fuchs, erschienen in »flair«, Mai 2012.

29. Über Freiheit und Gesetzgebung
Das Interview führte Oliver Jeges, erschienen in »liberal«, März 2014.

30. Über die Arbeit
Das Interview führte Desirée Schellerer, erstmals erschienen online im »Bene Magazin«: www.bene.com.

31. Über Kunst
Das Interview führte Tobi Müller für »Monopol – Magazin für Kunst und Leben«, Ausgabe 11/2013, © 2014, Juno Kunstverlag GmbH.

32. Über »Zweite Welten«
Das Interview führte Marion Fuglewicz-Bren; das ungekürzte Original erschien im Mai 2013 unter dem Titel »Nur wenn man eine Weile bei einer Sache bleibt, kann Begehren entstehen …« in dem Buch »Die Philosophen kommen« von Marion Fuglewicz-Bren, Verlag tredition Hamburg (http://die-philosophen-kommen.at).

Epilog: Hedonismus. Über freudiges Leben in ängstlichen Zeiten.
Erschienen in »flair«, September 2012.

Verlag und Autor danken allen für die freundliche Genehmigung zum Abdruck.